近畿圏版⑪ 使いやすい！教えやすい！家庭学習に最適の問題集！

大阪教育大学附属 池田小学校

2022年度版 過去問題集

<問題集の効果的な使い方>

①お子さまの学習を始める前に、まずは保護者の方が「入試問題」の傾向や難しさを確認・把握します。その際、すべての「学習のポイント」にも目を通しましょう。
②入試に必要なさまざまな分野学習を先に行い、基礎学力を養ってください。
③学力の定着が窺えたら「過去問題」にチャレンジ！
④お子さまの得意・苦手が分かったら、さらに分野学習をすすめレベルアップを図りましょう！

必ずおさえたい問題集

大阪教育大学附属池田小学校

言語	Ｊｒ・ウォッチャー 60「言葉の音（おん）」
図形	Ｊｒ・ウォッチャー 45「図形分割」
推理	Ｊｒ・ウォッチャー 31「推理思考」
常識	Ｊｒ・ウォッチャー 27「理科」、55「理科②」
お話の記憶	お話の記憶問題集 中級編・上級編

2020・2021 年度 過去問題を掲載 ＋ 各問題にアドバイス付!!

●資料提供●
ヘッズアップセミナー

ISBN978-4-7761-5388-7
C6037 ¥2000E
9784776153887
定価 2,200 円
(本体 2,000 円 + 税 10%)
1926037020004
日本学習図書 ニチガク

ニチガク式学習支援!!

日本学習図書（ニチガク）

こんなこと…ありませんか？

「ニチガクの問題集…買ったはいいけど、、、
この問題の教え方がわからない（汗）」

メールでお悩み解決します！

- ☆ ホームページ内の専用フォームで必要事項を入力！
- ☆ 教え方に困っているニチガクの問題を教えてください！
- ☆ 確認終了後、具体的な指導方法をメールでご返信！
- ☆ 全国どこでも！ スマホでも！ ぜひご活用ください！

<質問回答例>

アドバイス

推理分野の学習では、後の学習に活きる思考力を養うことができます。ご家庭で指導する場合にも、テクニックにたよらず、保護者の方が先に基本的な考え方を理解した上で、お子さまによく考えさせることを大切にして指導してください。

Q.「お子さまによく考えさせることを大切にして指導してください」と学習のポイントにありますが、考える習慣をつけさせるためには、具体的にどのようにしたらいいですか？

A. お子さまが考える時間を持てるように、質問の仕方と、タイミングに工夫をしてみてください。
たとえば、「答えはあっているけど、どうやってその答えを見つけたの」「答えは○○なんだけど、どうしてだと思う？」という感じです。
はじめのうちは、「必ず30秒考えてから手を動かす」などのルールを決める方法もおすすめです。

まずは、ホームページへアクセスしてください!!

https://www.nichigaku.jp　日本学習図書　検索

目指せ！合格！ 家庭学習ガイド
大阪教育大学附属池田小学校

ペーパー　口頭試問　制作　運動　音楽　行動観察　親子面接

入試情報

募集人数：男子50名　女子50名
応募者数：男子122名　女子122名
出題形式：ペーパー、ノンペーパー
面　　接：保護者・志願者
出題領域：ペーパー（言語、図形、推理、常識、お話の記憶）、口頭試問、制作、運動、音楽、行動観察

入試対策

現在、試験前後の抽選は行なわれていません。試験内容は、ペーパーテスト、口頭試問、制作、運動、音楽、行動観察、面接です。ペーパーテストは、問題のバリエーションが豊富で、応用問題と言える問題も見られます。思考力はもちろんですが、集中力や指示を理解する「聞く力」も必要です。また、他校ではあまり見ることのない問題も出題されることがあります。ただ、そうした問題を解くためにも基礎的な学習は必須です。見慣れない問題が出題されるからといって、難しい問題や珍しい問題ばかりに取り組んでいては、本末転倒になってしまいます。基本の繰り返しによって着実に力を付けていくことが小学校受験において最善の方法と言えるでしょう。

●マナーや生活常識を身に付けるために、日常生活でも「なぜいけないのか」「なぜそうするのか」ということをその場できちんと説明しましょう。口頭試問では、その理由まで聞かれるので、自分の言葉できちんと説明できるようにしておきましょう。

●当校の行動観察はチームでゲームや競争をする形式が多く見られます。チーム内で協調性と積極性を示せるように行動しましょう。

●コロナ禍ということもあり、行動観察は例年に比べて少人数・短時間で実施されました。

●面接では親子で話し合う課題が出題されます。ふだんの親子関係が観られることになるので、生活の中でしっかりとよいコミュニケーションをとるようにしましょう。

●多少の変化はありましたが、コロナ禍にあっても例年通りの試験となっていました。

「大阪教育大学附属池田小学校」について

〈合格のためのアドバイス〉

当校は我が国独自の学校安全のスタンダードとなる「セーフティプロモーションスクール」としてさまざまな学校安全を発信しています。これは、「学校の安全推進のために、子どもたち、教職員、保護者、さらに地域の人々が一体となって、継続的・組織的な取り組みが展開されている学校」ということで、教育目標としても同じ趣旨のことが挙げられています。具体的には、「①人間性に満ちた情操豊かな子ども」「②自主的・創造的に考え、問題を解決し、表現・行動する子ども」「③自他を尊重し、協力しあう子ども」「④真理を追究し、社会の向上に努める子ども」「⑤健康で、意志強くやりぬく子ども」という目標が定められています。これは、当校の入学調査の観点にもなっており、出題にも表れています。

上記のことは、常識やマナーに関する問題が必ず出題されるということからもうかがえます。それに加え、「自分で考え、解決する」という意識を観るための問題が多く出されています。これらの問題の対策として、過去に出題された問題とその解説をよく理解して、「考え方・解き方」を身に付けるようにしましょう。

入試では、まず考査日前に親子面接が行われます。志願者のみの面接が先に行われ、途中から保護者が入室するという面接形式です。考査は女子が午前、男子が午後に分かれて、ペーパーテスト、口頭試問、制作、運動、音楽、行動観察が行われました。

ペーパーテストの出題分野は、言語、図形、推理、常識、お話の記憶と幅広く、日常生活の中で経験できることがテーマになった問題が多く出題されています。ふだんから、お手伝い、お買い物などを通して得た知識や、実物や図鑑を通して得た知識を活用できるようにしてください。

行動観察では、例年と同様にチーム対抗のゲームが行われました。そこではコミュニケーションや協調性が主な観点となっています。日常生活におけるお子さまの様子が表れやすい課題なので、ふだんからふざけずに楽しむことができるように指導しておくとよいでしょう。

〈2021年度選考〉

- ◆ペーパー
- ◆口頭試問
- ◆制作
- ◆運動
- ◆音楽
- ◆行動観察
- ◆親子面接（考査日前に実施）

◇過去の応募状況

2021年度	男子122名	女子122名
2020年度	男子147名	女子118名
2019年度	男女285名	

〈本書掲載分以外の過去問題〉

- ◆言語：それぞれの２番目の音を組み合わせてできる絵を選ぶ。［2019年度］
- ◆言語：「ひく」という言葉に合う絵を選ぶ。［2019年度］
- ◆推理：動物が言った言葉を手がかりにジャンケンで出した手を考える。［2019年度］
- ◆推理：ひもを引っ張って結び目ができるものを選ぶ。［2019年度］
- ◆常識：食事が終わった時のお箸の置き方が正しいものを選ぶ。［2019年度］

大阪教育大学附属
池田小学校
過去問題集

〈はじめに〉

現在、少子化が叫ばれているにもかかわらず、私立・国立小学校の入学試験には一定の応募者があります。入試は、ただやみくもに学習するだけでは成果を得ることはできません。志望校の過去における出題傾向を研究・把握した上で、練習を進めていくこと、その上で試験までに志願者の不得意分野を克服していくことが必須条件です。そこで、本問題集は小学校を受験される方々に、志望校の出題傾向をより詳しく知って頂くために、過去に遡り出題頻度の高い問題を結集いたしました。最新のデータを含む精選された過去問題集で実力をお付けください。

また、志望校の選択には弊社発行の「**2022年度版　近畿圏・愛知県　国立・私立小学校　進学のてびき**」をぜひ参考になさってください。

〈本書ご使用方法〉

◆出題者は出題前に一度問題を通読し、出題内容などを把握した上で、〈準　備〉の欄に表記してあるものを用意してから始めてください。
◆お子さまに絵の頁を渡し、出題者が問題文を読む形式で出題してください。問題を読んだ後で、絵の頁を渡す問題もありますのでご注意ください。
◆「**分野**」は、問題の分野を表しています。弊社の問題集の分野に対応していますので、復習の際の目安にお役立てください。
◆一部の描画や工作、常識等の問題については、解答が省略されているものがあります。お子さまの答えが成り立つか、出題者が各自でご判断ください。
◆〈時　間〉につきましては、目安とお考えください。
◆解答右端の［〇年度］は、問題の出題年度です。［2021年度］は、「2020年の秋から冬にかけて行われた2021年度入学志望者向けの考査で出題された問題」という意味です。
◆**学習のポイント**は、指導の際にご参考にしてください。
◆【**おすすめ問題集**】は各問題の基礎力養成や実力アップにご使用ください。

〈本書ご使用にあたっての注意点〉

◆文中に **この問題の絵は縦に使用してください。** と記載してある問題の絵は縦にしてお使いください。
◆〈準　備〉の欄で、クレヨンと表記してある場合は12色程度のものを、画用紙と表記してある場合は白い画用紙をご用意ください。
◆文中に **この問題の絵はありません。** と記載してある問題には絵の頁がありませんので、ご注意ください。なお、問題の絵の右上にある番号が連番でなくても、中央下の頁番号が連番の場合は落丁ではありません。
下記一覧表の●が付いている問題は絵がありません。

問題1	問題2	問題3	問題4	問題5	問題6	問題7	問題8	問題9	問題10
問題11	問題12	問題13	問題14	問題15	問題16	問題17	問題18	問題19	問題20
		●	●	●	●				
問題21	問題22	問題23	問題24	問題25	問題26	問題27	問題28	問題29	
						●		●	

(得) 先輩ママたちの声！

◆実際に受験をされた方からのアドバイスです。
ぜひ参考にしてください。

大阪教育大学附属池田小学校

・常識分野の問題が出題されるので、日頃から実物に触れたり、目にする機会を作った方がよいと思いました。

・行動観察は、チームで役割を分担してゲームを行う課題だったようです。お友だちと遊ぶ際には、積極的に仲良くできるとよいと思います。

・面接は、３名１組で行われます。ほかの子どもの意見に流されず、自分の考えをはっきり言うためには、日頃の生活や会話の中で、子どもが自信を持って発言できるようにするとよいと思います。

・面接は、家庭によって質問が違ったようです。多種多様な質問に対応できるよう、ふだんから家庭の教育方針や子育ての考え方をしっかりと持った上で面接に臨むことが大切だと思いました。

・日頃の生活を観られるような問題が出題されたようです。付け焼き刃ではなく、１つひとつの行動の意味を理解させなくてはいけないと思いました。

・ペーパーテストでは、「はい、始め」の合図でクーピーペンシルを持って、「やめ」の合図で置くお約束だったそうです。

・面接は、まず子どもだけが面接室に移動します。子どもの面接が15分ほどで終わると、再び先生が呼びに来られ、保護者も面接室に移動します。入室すると、面接の内容を子どもが話しに来てくれました。そして、それに対する感想を先生にお話ししました。

・ペーパーテストは、広い範囲から出題されるので、それぞれの分野の問題に対応できる力が必要です。特に指示をきちんと理解することは重要だと感じました。

◎学習効果を上げるため、前掲の「家庭学習ガイド」及び「合格のためのアドバイス」をお読みになり、各校が実施する入試の出題傾向を、よく把握した上で問題に取り組んでください。

※冒頭の「本書ご使用方法」「本書ご使用にあたっての注意点」も併せてご覧ください。

2021年度の最新問題

問題1　分野：言語（言葉の音）

〈準　備〉　クーピーペンシル（オレンジ）

〈問　題〉　（モニターに桜の木が映される／問題１上）
サクラという名前の音を１つ変えるとどんな名前になるでしょうか。下の四角の中から選んで○をつけてください。

〈時　間〉　30秒

問題2　分野：図形（回転図形）

〈準　備〉　クーピーペンシル（オレンジ）

〈問　題〉　左の風車が回って右のようになりました。？のところにはどんな模様が入るでしょうか。下の四角の中から選んで○をつけてください。

〈時　間〉　20秒

問題3　分野：図形（展開図）

〈準　備〉　クーピーペンシル（オレンジ）

〈問　題〉　それぞれの形を組み立ててサイコロの形にした時、ハートが向かい合わせになるものに○をつけてください。ただし、ハートの向きも同じにならなくてはいけません。

〈時　間〉　１分

問題4　分野：図形（図形分割）

〈準　備〉　クーピーペンシル（オレンジ）

〈問　題〉　下の四角の中の形を３つ組み合わせて上の形を作ります。その時に使わないものはどれでしょうか。選んで○をつけてください。

〈時　間〉　30秒

問題5　分野：図形（鏡図形）

〈準備〉　クーピーペンシル（オレンジ）

〈問題〉　池の前に男の子が立っています。池にはどのように映っているでしょうか。下の四角の中から選んで○をつけてください。

〈時間〉　20秒

問題6　分野：推理（オセロゲーム）

〈準備〉　クーピーペンシル（オレンジ）

〈問題〉　（モニターにお手本が示される／問題6上）
ハチが花をはさむと花はハチミツになります。下の絵でハチミツを1番たくさん作るためにはどこにハチを置けばよいでしょうか。その場所に○を書いてください。

〈時間〉　30秒

問題7　分野：推理（パズル）

〈準備〉　クーピーペンシル（オレンジ）

〈問題〉　イチゴのトラックが門から出るために、ほかのトラックを動かします。1台は2マス動き、3台は1マス動きます。2マス動くトラックに○をつけてください。

〈時間〉　1分

問題8　分野：推理（比較）

〈準備〉　クーピーペンシル（オレンジ）

〈問題〉　（モニターに動物たちの綱引きの動画が映される／問題8上）
綱引きが2番目に強い動物はどれでしょうか。下の四角の中から選んで○をつけてください。

〈時間〉　20秒

問題9　分野：常識（理科）

〈準備〉　クーピーペンシル（オレンジ）

〈問題〉　上の段の足跡は下の段のどの動物のものでしょうか。正しい組み合わせを選んで線でつないでください。

〈時間〉　1分

問題10　分野：お話の記憶

〈準 備〉　クーピーペンシル（オレンジ）

〈問 題〉　ネコの３兄弟がいました。朝起きて、庭で育てているアサガオを見るために窓を開けました。きれいな花が咲いていましたが雨が降っています。「せっかくおばあちゃんが家に来てくれるのに、天気が悪いのは残念だな」とネコの兄弟はがっかりしていました。「でも、今日はおばあちゃんの誕生日なんだから、何かプレゼントして喜んでもらおうよ」とお兄ちゃんが言いました。弟が「おばあちゃんの好きなコスモスをあげるのはどう？」と言いましたが、今は咲いていないのであきらめました。妹が「ネコ博士のところに相談しに行こう」と言ったので、みんなで出かけることにしました。
家を出ると、雨はやんでいて太陽が出ていました。歩いていくとリスに会いました。リスが「あそこにきれいなアジサイが咲いているよ」と教えてくれたので、それを見てから先に進みました。すると今度はウマに会いました。ウマは「みんな気を付けて行ってきてね」と応援してくれました。それからネコの兄弟はしりとりをしながら歩くことにしました。妹、弟の順にしりとりを続けて、最後はお兄ちゃんが「新幹線」と言って負けたので、みんな１回ずつで終わりました。
ようやく博士の家の前に着くと、フクロウがとまっていました。フクロウは「２つのクイズに答えられたら博士が出てくるよ」と言いました。「第１問！　タイヤを使わないで動くものは何だ？」妹が「飛行機！」と答えましたが、「はずれ！　飛行機は飛んでいる時にはタイヤを使わないけど、地上ではタイヤで動くよ」とフクロウに言われました。次に弟が答えると「大正解！　じゃあ、次の問題を出すね。タイヤの中にいる動物は何だ？」お兄ちゃんが「タイ！」と答えました。すると「大正解！」とフクロウが言うとモクモクと煙が出てきました。すると、煙の中から博士が現れました。ネコの兄弟は、博士に「どうしたらおばあちゃんは喜んでくれますか」と聞くと、博士は「みんながニコニコ待っていたら喜んでくれるよ。また天気が悪くなるから、急いで帰った方がいいよ」と言ってくれました。それを聞いて、ネコの兄弟は急いで家に戻ることにしました。途中でヒマワリの花を見かけましたが、止まらずに走って帰りました。博士の言っていた通り、家に着くとすぐに雨が降ってきました。

（問題10-１の絵を渡す）
①お天気はどう変わったでしょうか。正しい順番に並んでいるものを選んで○をつけてください。
②ネコの兄弟が２番目に会った動物は何でしょうか。選んで○をつけてください。
③ネコの兄弟がしていたしりとりで、最後の言葉の前に言ったものは何でしょうか。選んで○をつけてください。
④フクロウが出したクイズの１問目の正解は何でしょうか。選んで○をつけてください。
（問題10-２の絵を渡す）
⑤フクロウが出したクイズの２問目のように、上の段の絵の名前の中にいる動物を下から選んで線でつないでください。
⑥ネコの兄弟が見た花はどれでしょうか。正しい順番に並んでいるものを選んで○をつけてください。

〈時 間〉　各15秒（⑤のみ40秒）

問題11　分野：口頭試問

〈準備〉　なし

〈問題〉　（モニターに電車の優先席の写真が映される／問題11上）
あなたは下の四角の中の誰に席を譲りますか。
それはなぜですか。詳しく教えてください。

〈時間〉　1分

問題12　分野：制作

〈準備〉　クーピーペンシル（12色）、ハサミ、輪ゴム（2個つなげておく）、ピンク色のリボン
（問題12-1の絵を切って貼り合わせ、見本のように輪ゴムをかけて渡す）

〈問題〉　（モニターにお手本が映される／問題12-2）
①波線部分をハサミで切ってください。
②表側の☆の中を紫色のクーピーペンシルで塗ってください。
③裏側の△と□を使って公園の絵を描いてください。
④輪ゴムにリボンを通して結んでください。

〈時間〉　適宜

問題13　分野：運動

〈準備〉　マット、ボール（ドッジボールサイズ）、フープ、鈴、鉄棒、かご、お手玉、ボールを転がす台

〈問題〉　**この問題の絵はありません。**
①マットの上で仰向けに寝転がり、足でボールを挟んでください。そこから足を上げて手でボールをつかんでください。
②マットの上で片足立ちしてください（3秒間）。
③（鈴のついたフープが鉄棒からぶら下がっている）
鈴を鳴らさないようにフープをくぐってください。
④（モニターにお手本が映される）
鉄棒でツバメのポーズをしてください（5秒間）。
⑤かごに入っているお手玉を離れたところに置いてあるかごに投げ入れてください（3回）。
⑥（台から少し離れた場所に待機する）
台の上からボールを転がすので、先生が合図をしたら走ってボールを取りに来てください。ただし、ボールが床に届いてからキャッチしてください。坂の途中でキャッチしてはいけません。

〈時間〉　適宜

家庭学習のコツ①　「先輩ママのアドバイス」を読みましょう！

本書冒頭の「先輩ママのアドバイス」には、実際に試験を経験された方の貴重なお話が掲載されています。対策学習への取り組み方だけでなく、試験場の雰囲気や会場での過ごし方、お子さまの健康管理、家庭学習の方法など、さまざまなことがらについてのアドバイスもあります。先輩ママの体験談、アドバイスに学び、ステップアップを図りましょう！

問題14　分野：音楽

〈準 備〉　太鼓のバチ

〈問 題〉　**この問題の絵はありません。**

①（先生が離れたところに立っている）
先生に聞こえるように好きな歌をうたってください。

②先生が弾くピアノのリズムを覚えて、同じリズムでマットをバチで叩いてください。

③歌に合わせてダンスを踊りましょう。歌が終わったら好きなポーズをとってください（タイミングはモニターで指示される）。３曲繰り返します。

〈時 間〉　適宜

問題15　分野：行動観察

〈準 備〉　ティッシュ、はさむ道具（箸、トング、パペット／口がパクパク開く人形、洗濯バサミ、マジックハンド）、小さいフープ（輪投げの輪）、ペットボトル、積み木

〈問 題〉　**この問題の絵はありません。**

（５～６名のグループで行う）
３チーム対抗でお祭りゲームを行う。それぞれのゲームでメダルを集め、１番たくさんメダルを集めたチームが優勝。

【ティッシュはさみ】
先生が台の上からティッシュを落とす。道具を使ってティッシュをつかめればメダルがもらえる。メダルをもらう係を１人決め、ほかの人はどの道具を使うかを相談する。

【輪投げ】
輪を投げて、入ったペットボトルの得点に応じてメダルがもらえる。全員が投げ終わるとボーナスタイムになり高得点のペットボトルが追加される。みんなで相談してボーナスタイムに投げる人を決める（２人）。

【積み木】
みんなで相談してできるだけ高く積み木を積む。順位に応じてメダルがもらえる。

〈時 間〉　適宜

家庭学習のコツ②　「家庭学習ガイド」はママの味方！

問題演習を始める前に、試験の概要をまとめた「家庭学習ガイド（本書カラーページに掲載）」を読みましょう。「家庭学習ガイド」には、応募者数や試験課目の詳細のほか、学習を進める上で重要な情報が掲載されています。それらの情報で入試の傾向をつかみ、学習の方針を立ててから、対策学習を始めてください。

問題16　分野：親子面接

〈準備〉　なし

〈問題〉　**この問題の絵はありません。**

【志願者へ】
・お名前を教えてください。
・通っている幼稚園の名前を教えてください。
・担任の先生の名前を教えてください。
・１番仲良しのお友だちの名前を教えてください。
・１番好きな遊びは何ですか。言わないで、その真似をしてください。
・今日の朝ごはんは何を食べましたか。
・今日、お家に帰ったら何がしたいですか。
（保護者が入室）
・今、先生とどんなお話しをしたか教えてあげてください。

【保護者へ】
・お子さまの話を聞いた感想をお聞かせください。

【親子課題】
・よくお手伝いをすると聞きましたが、もっとできるようになればよいと思うお手伝いは何ですか。親子で話し合ってください。
※話し合いのテーマは家庭によって異なる。

〈時間〉　25分程度

家庭学習のコツ③　効果的な学習方法～問題集を通読する

過去問題集を始めるにあたり、いきなり問題に取り組んではいませんか？　それでは本書を有効活用しているとは言えません。まず、保護者の方が、すべてを一通り読み、当校の傾向、ポイント、問題のアドバイスを頭に入れてください。そうすることにより、保護者の方の指導力がアップします。また、日常生活のさまざまなことから、保護者の方自身が「作問」することができるようになっていきます。

問題1

問題2

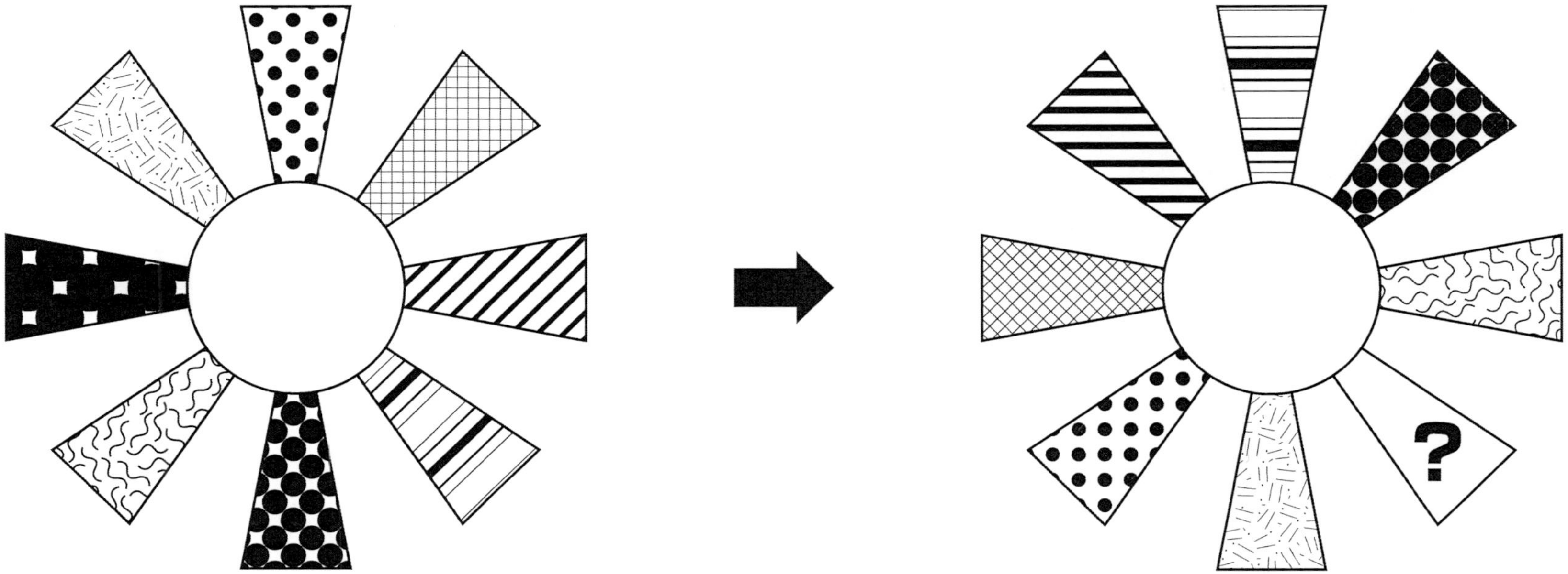

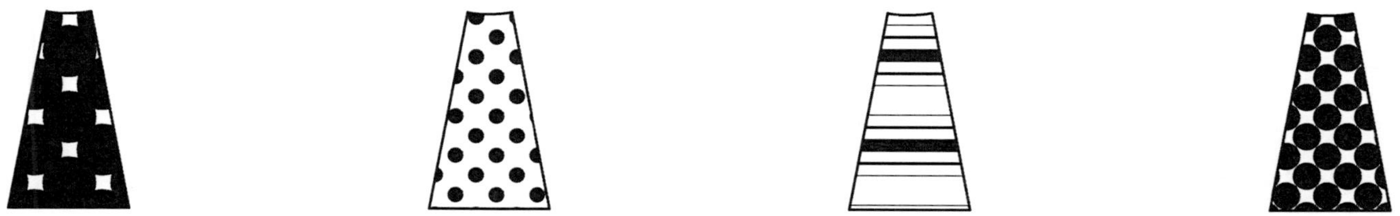

問題 3

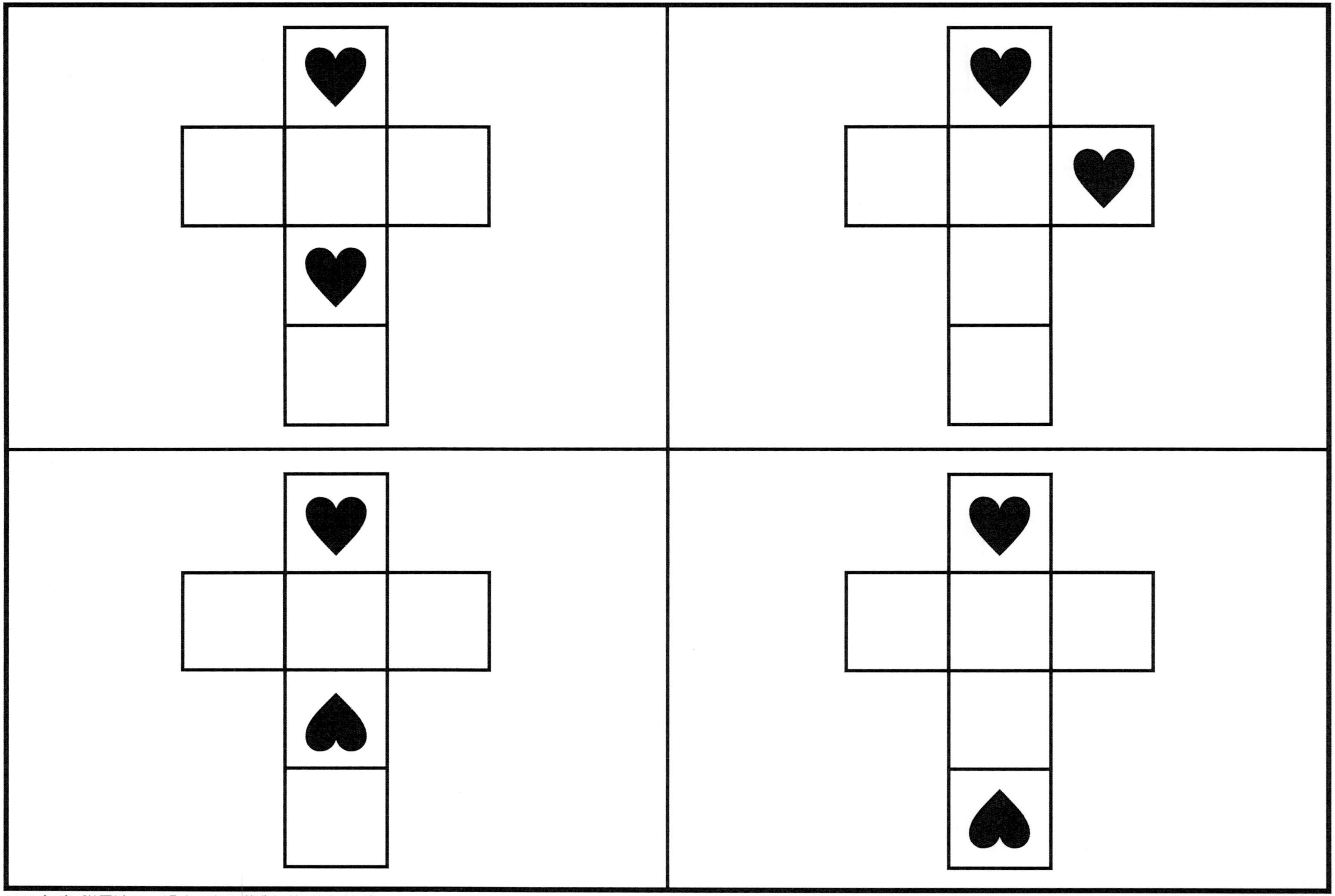

問題 4

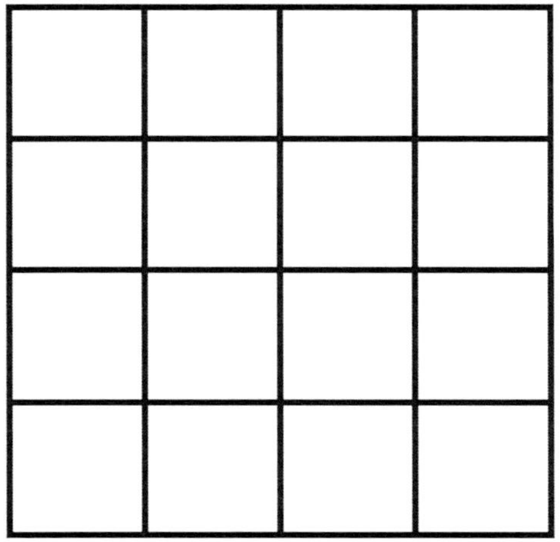

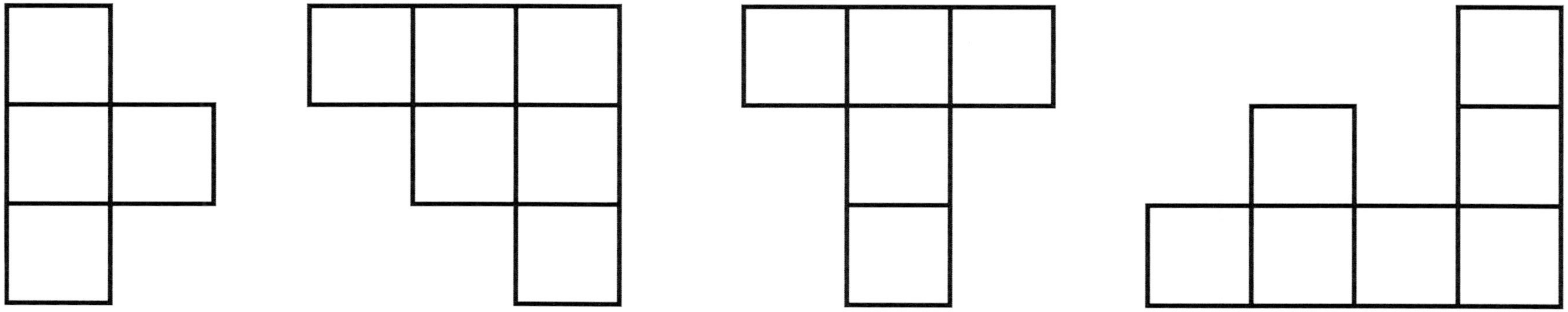

2022 年度 附属池田 過去 無断複製／転載を禁ずる　日本学習図書株式会社

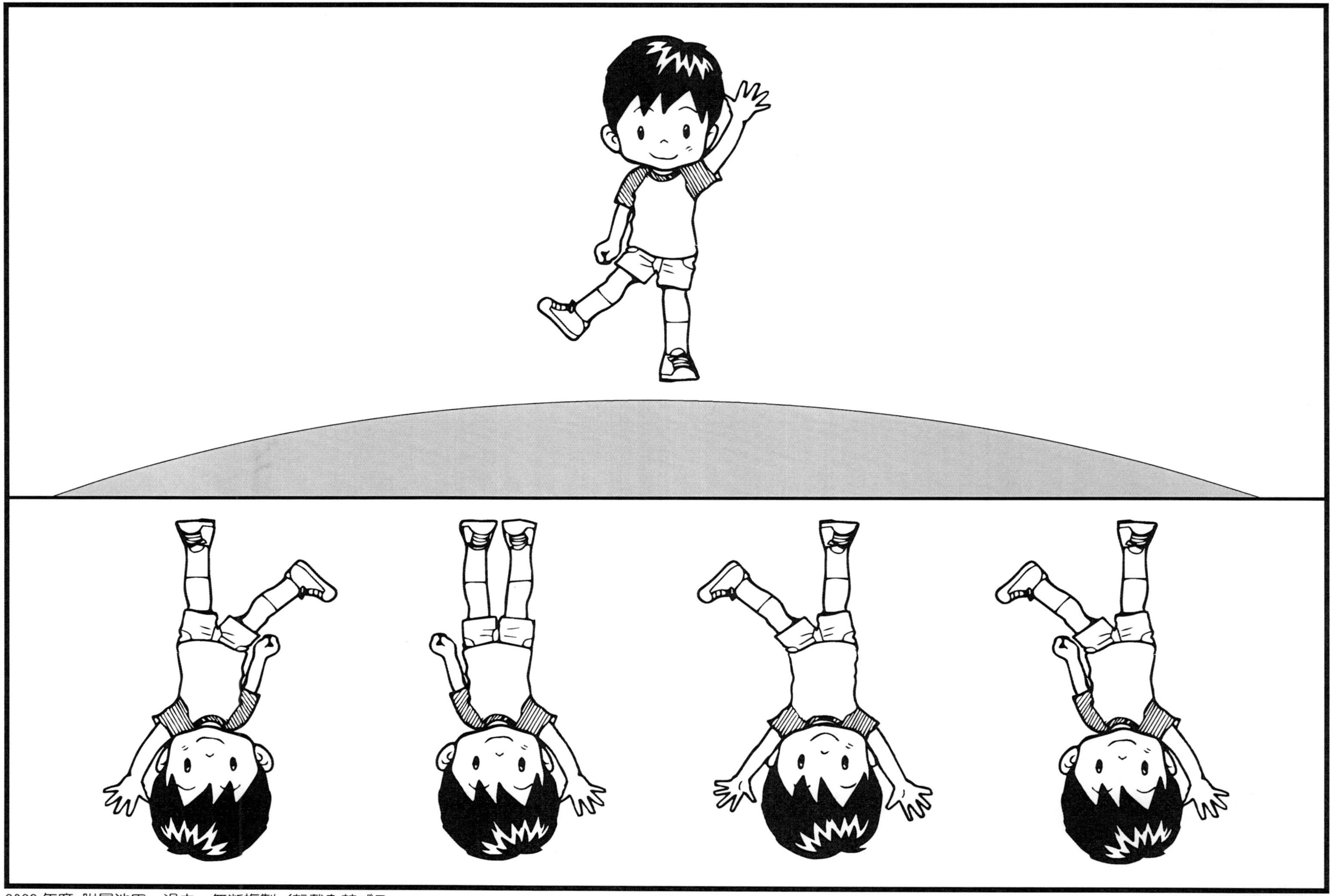

問題6

【お手本】

2022年度 附属池田 過去 無断複製／転載を禁ずる

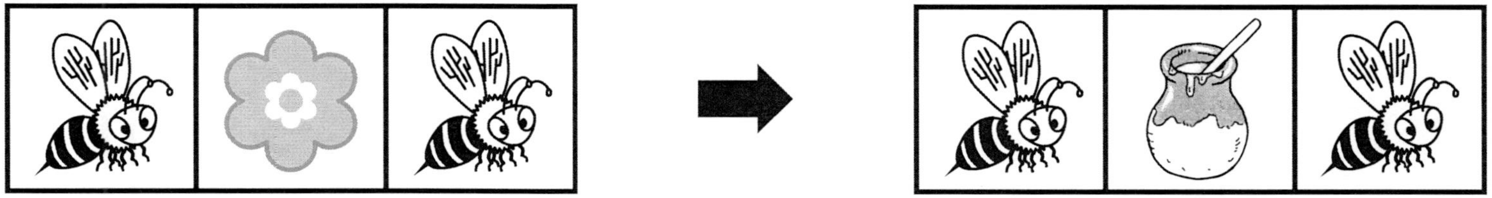

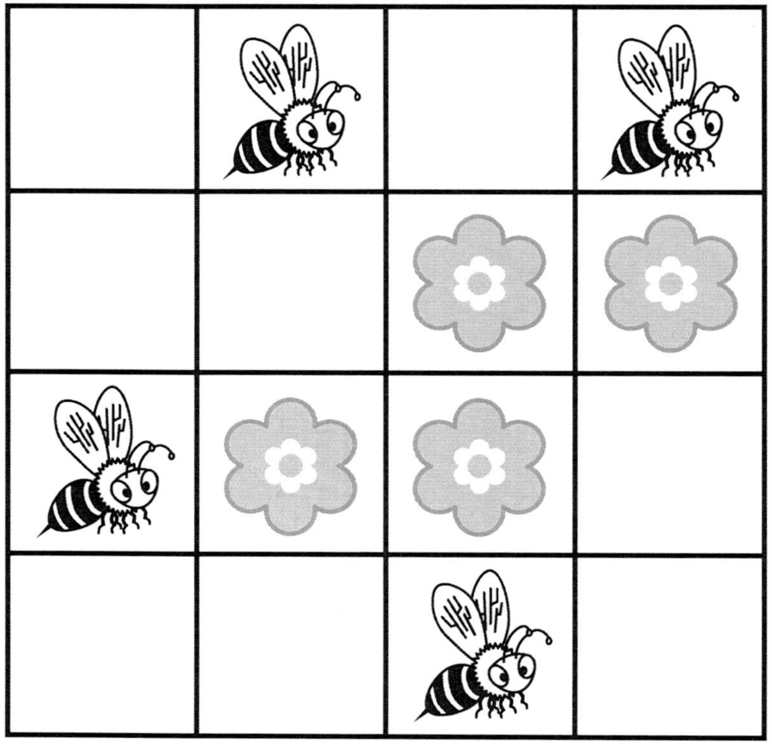

問題7

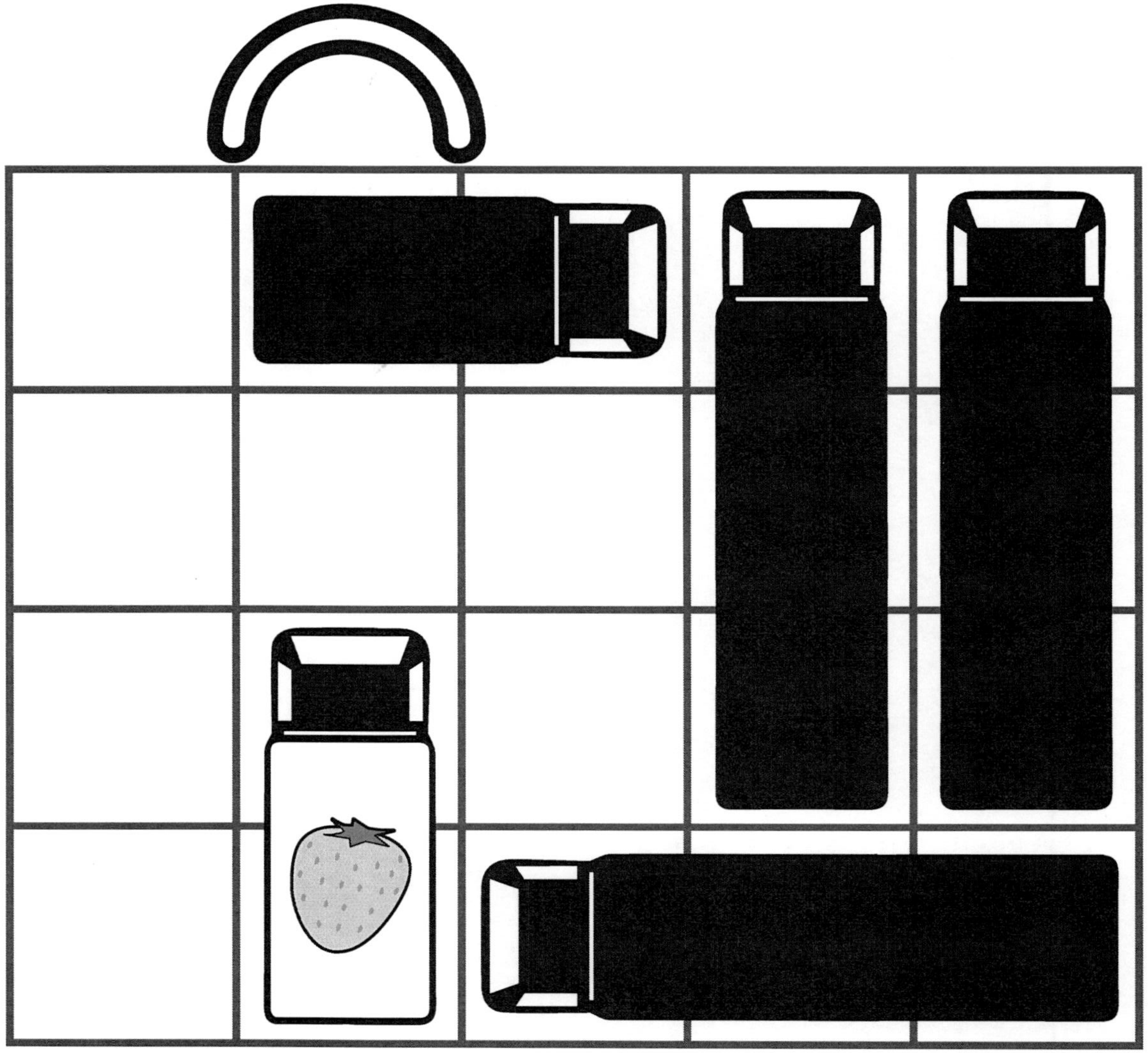

問題 8

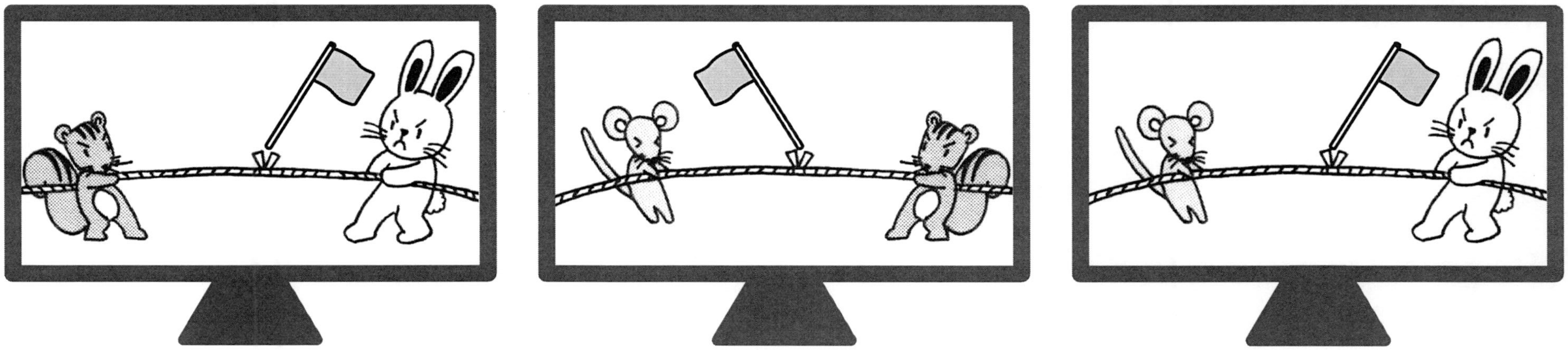

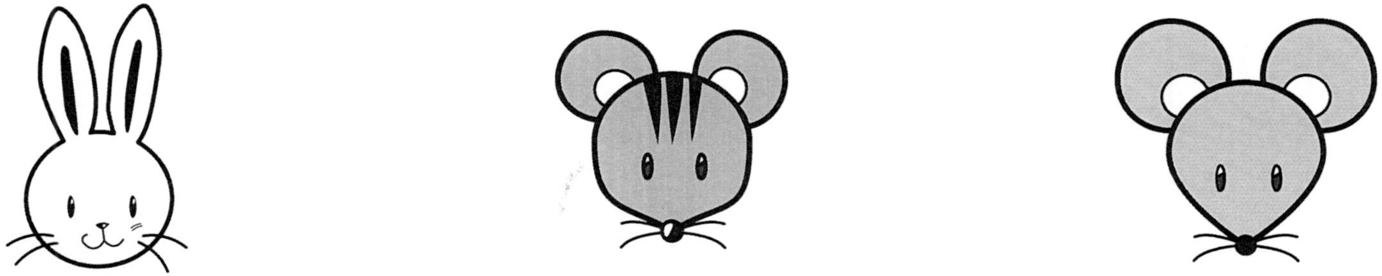

問題 9

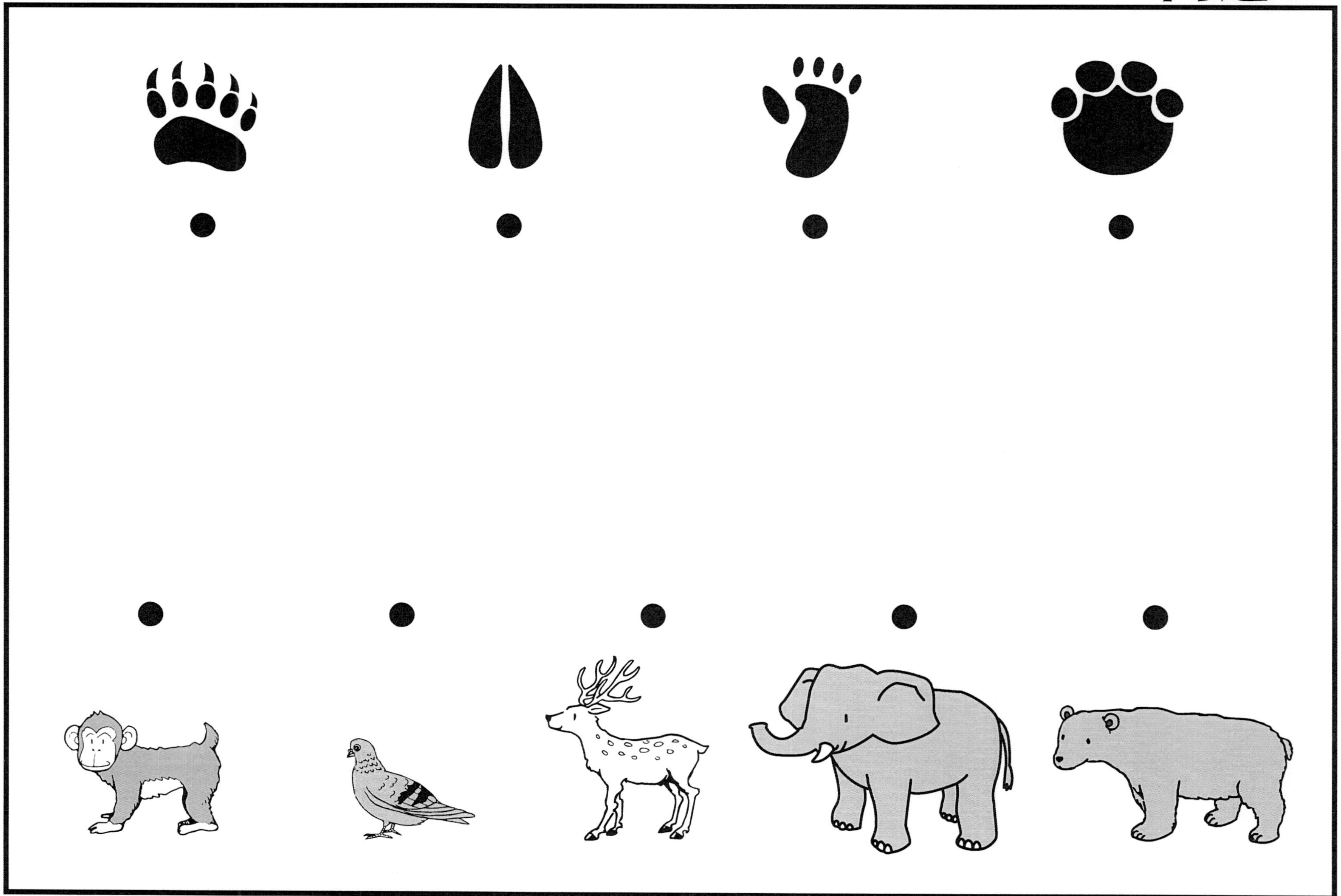

問題１０－１

①

②

③

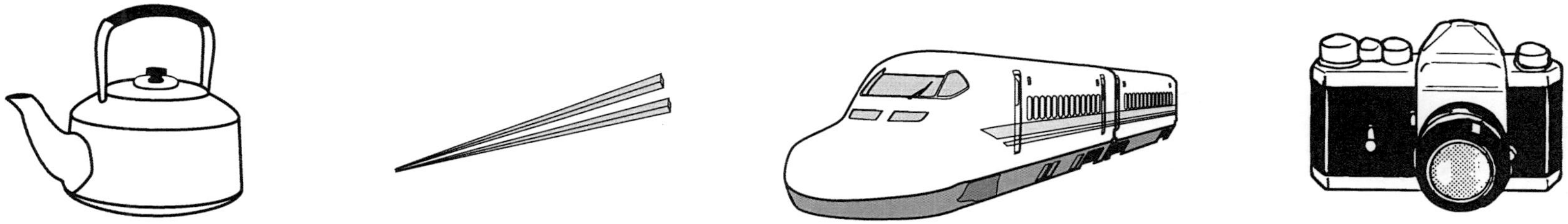

④

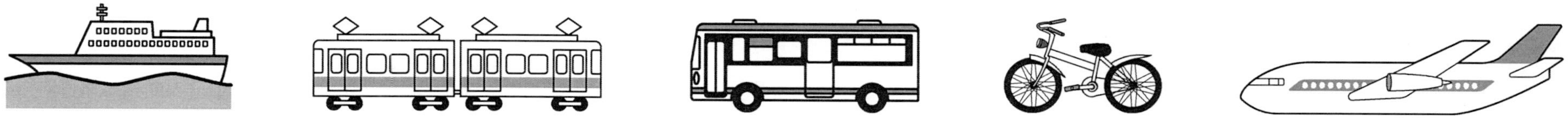

問題１０－２

⑤

⑥

問題１１

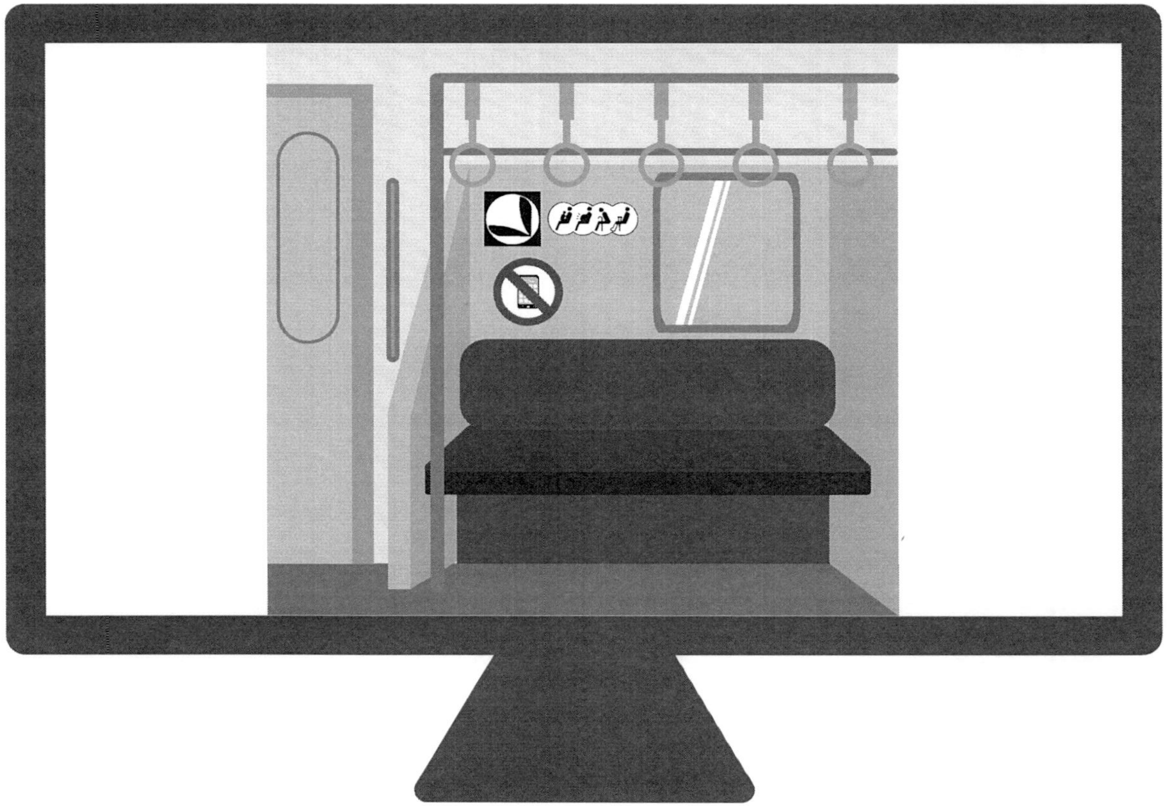

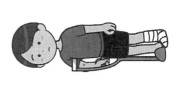

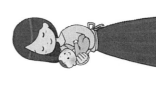

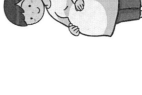

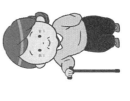

問題12−1

【表側】

【裏側】

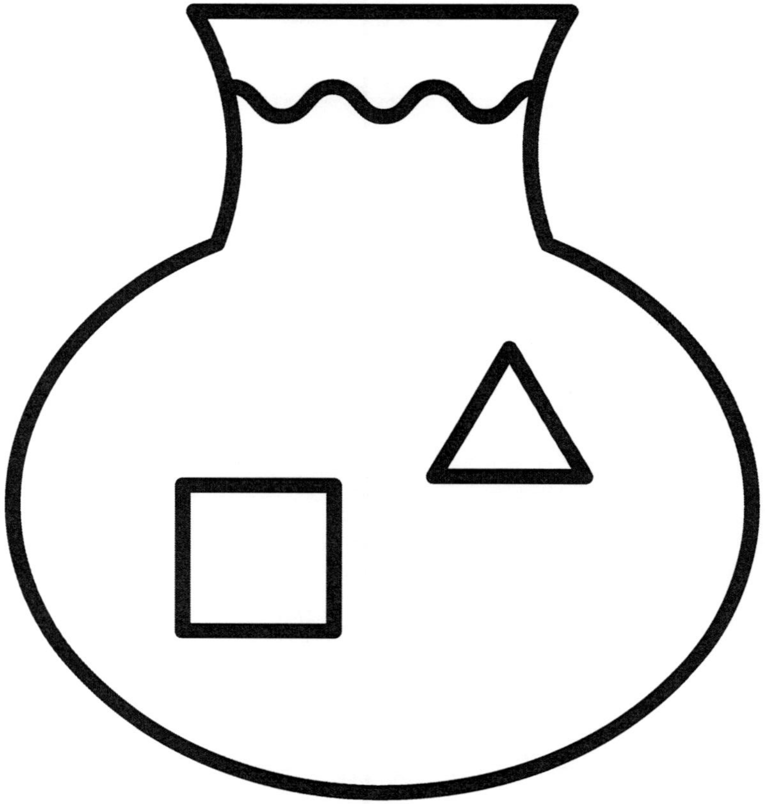

問題１２－２

【完成見本／表側】

【完成見本／裏側】

2021年度入試
解答例・学習アドバイス

解答例では、制作・巧緻性・行動観察・運動といった分野の問題の答えは省略されています。こうした問題では、各問のアドバイスを参照し、保護者の方がお子さまの答えを判断してください。

問題1　分野：言語（言葉の音）

〈解 答〉　左から２番目（枕）

当校のペーパー試験ではモニターを使った出題も行われます。紙に書いてあるかモニターに映し出されているかの違いだけではありますが、モニターでの出題の場合、カラーだったり、写真だったりすることあります。大人にとっては大きな違いはないかもしれませんが、お子さまにとっては戸惑う要因にもなります。タブレットやパソコンなどを使って慣れておく必要があるでしょう。問題自体は、「サ」「ク」「ラ」の１音だけ入れ替えて違う言葉を作るというものです。まず、言葉が音の組み合わせによってできているということをしっかりと理解した上で、問題に取り組んでいきましょう。

【おすすめ問題集】
　Ｊｒ・ウォッチャー17「言葉の音遊び」、18「いろいろな言葉」、
　60「言葉の音（おん）」

問題2　分野：図形（回転図形）

〈解 答〉　左端

回転図形の問題ですが、観覧車（系列）の問題と考えることもできます。形を中心にとらえれば回転図形、模様を中心にとらえれば観覧車ということです。模様が複雑なので難しく感じてしまいがちですが、本問に関しては一発で正解を見つけることができます。右の形の？マークの反対側には斜め線の模様があります。つまり、左の形で斜め線の反対側にある模様が正解です。この解き方は、あくまでも受験テクニックなので、こうした方法もあるということを覚えておく程度にしておいてください。形を回転させるイメージができることや並び方の法則を見つけることができなければ、問題を理解したとは言えません。基本的な解き方をしっかりと身に付けることが最優先です。

【おすすめ問題集】
　Ｊｒ・ウォッチャー46「回転図形」、50「観覧車」

問題3　図形（展開図）

〈解答〉　左下

サイコロの展開図は小学校受験の中でも難しい部類に入る問題です。本問をペーパー上で考えてもお子さまは理解しにくいので、切り取ってサイコロを組み立ててみましょう。実際に組み立てることで、平面が立体になる様子もわかりますし、どの面とどの面が向かい合わせになるのかもわかります。こうした経験を積み重ねていくことで、ペーパーという平面から立体がイメージできるようになるのです。慣れていないうちは、まずどの面とどの面が向かい合わせになるのかを把握できるようにしましょう。向きを考えるのはその後で充分です。難しい問題も、そうした小さな積み重ねによって解けるようになっていきます。

【おすすめ問題集】
Ｊｒ・ウォッチャー５「回転・展開」

問題4　分野：図形（図形分割）

〈解答〉　左から２番目

本問も選択肢の４つの形を切り取って、実際に上の形にはめ込んでみましょう。自分で手を動かして形を作っていくことで、形の組み合わせを感覚的につかめるようになります。こうした感覚は「図形センス」と呼ばれたりしています。図形の動きを目で見ることは、頭の中で図形を動かすことにつながっています。実際の経験なしに頭の中でイメージすることはできないのです。また、問題の中で特に指示（回してもよいなど）がない場合、まずは向きを変えずに形を作っていくことをおすすめします。それでうまくいかなかった時にはじめて、回転させたり、ひっくり返したりすることを考えるとよいでしょう。

【おすすめ問題集】
Ｊｒ・ウォッチャー３「パズル」、45「図形分割」、54「図形の構成」

問題5　図形（鏡図形）

〈解答〉　右端

鏡図形は左右が反転した形を見つけるものが一般的ですが、本問は上下の反転を問う問題です。考え方としては左右も上下も変わりません。本問も絵を左に90度傾ければ左右の鏡図形になります。反射するものを境にして対称の形になるということをしっかり理解しておくことが大切です。こうした問題は実際に鏡を使って見せてあげるとよいでしょう。床に鏡を置いて同じポーズをとり、どう見えるのかを経験することがペーパー学習だけでは得られない深い理解につながります。このように、実際にやってみることは小学校受験の基本であり、本質でもあります。保護者の方は、面倒だと思わずに「体験」させてあげるようにしてください。

【おすすめ問題集】
Ｊｒ・ウォッチャー８「対称」、48「鏡図形」

問題6　分野：推理（オセロゲーム）

〈解答〉　下図参照

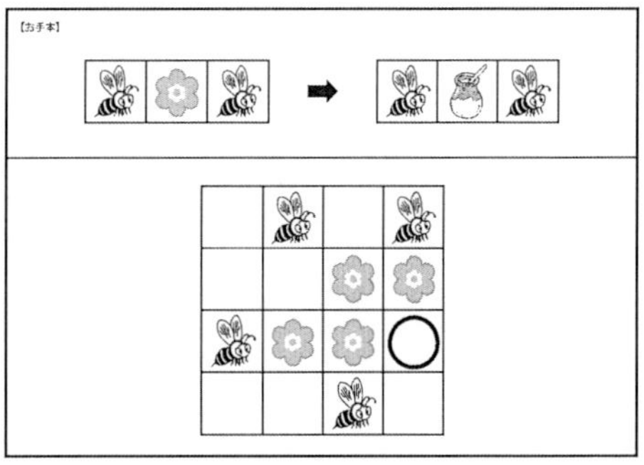

お手本は示されますが、オセロゲームを知っていれば何を問われているのかをスムーズに理解することができるでしょう。もし、オセロゲームを知らない場合は、少し手間がかかってしまいます。ゲームのルールを理解して、最善の手を考えるという2段階の思考が求められることになるので時間が足りなくなってしまうかもしれません。オセロゲームは小学校受験でも時折見かけるので、一度経験しておくとよいでしょう。ただ、当校では推理の問題が多く出題されるので、知識がなくても解けるように、論理的思考力も鍛えておいてください。

【おすすめ問題集】

Ｊｒ・ウォッチャー31「推理思考」

問題7　分野：推理（パズル）

〈解答〉　下図参照

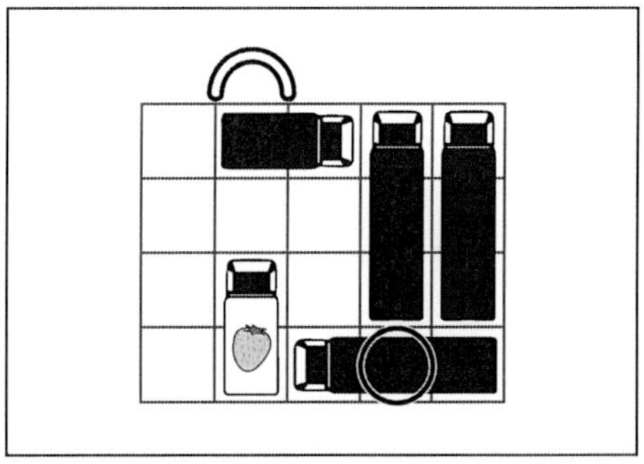

スライドパズルなどと呼ばれるパズルゲームの一種です。実際のパズルの場合は、試行錯誤しながら考えていくことができるのですが、ペーパーテストの場合、そのすべてを頭の中で考えていかなければいけません。そうした意味では難しい問題と言えるでしょう。解き方としては門の前のマスを空けるためにはどうすればよいかを逆算して考えることが必要になります。ただ本問の場合、動かせるトラックが限られており、動かせるところを順番に移動させていけばイチゴのトラックは門から出られます。ですが、それは目的ではありません。パズルを解くことに集中しすぎて、何を問われているのかを忘れないようにしてください。

【おすすめ問題集】

Ｊｒ・ウォッチャー31「推理思考」

問題8　分野：推理（比較）

〈解答〉　右（ネズミ）

モニターの動画を見て解答する問題です。ここでは解答用紙に綱引きの絵が描かれていますが、実際の試験では動画を見て、覚えて、答えるという手順になります。記憶の要素も強いので、しっかりとイメージできるようにしておかなければいけません。「リス＜ウサギ」「ネズミ＞リス」「ネズミ＜ウサギ」を頭の中に描いて、「ウサギ＞ネズミ＞リス」という答えを導き出します。ペーパーに比べて発展形の出題となるので、はじめのうちはペーパー上で絵を見ながら取り組むようにしてください。それがしっかり理解できるようになってから、頭の中での比較に進むようにしましょう。

【おすすめ問題集】
Ｊｒ・ウォッチャー15「比較」、58「比較②」

問題9　分野：常識（理科）

〈解答〉　下図参照

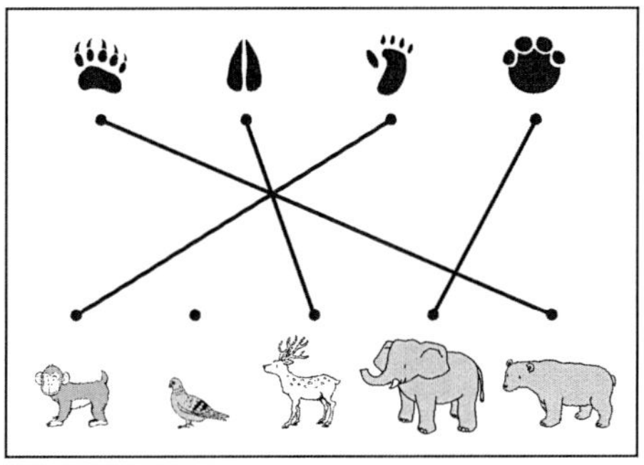

純粋な知識を問う問題です。日常生活の中で動物の足跡を見る機会はまずないでしょうから、しっかりと学習しておかなければいけません。小学校受験は生活体験の延長線上にあると言われることがありますが、なぜ、生活に関係のない問題が出題されるのでしょうか。例えば、動物園に行った時に動物を見ただけで終わるのではなく、「何を食べているのか」「どんなところに住んでいるのか」「どんな足の形をしているのか」といったことに興味を持てるのかを観ているのではないかと考えられます。それは学習に対する意欲とも言えるでしょう。与えられたことをするだけでなく、自ら積極的に学ぶ姿勢を育てることも大切になってくるのです。

【おすすめ問題集】
Ｊｒ・ウォッチャー27「理科」、55「理科②」

問題10　分野：お話の記憶

〈解 答〉　下図参照

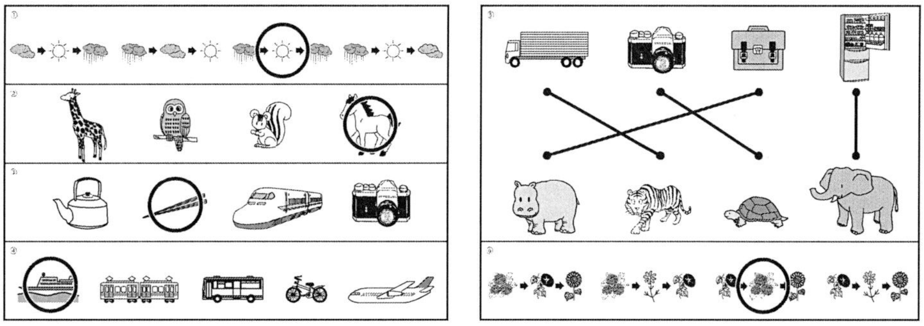

例年通り、難しいお話の記憶です。お話の長さもそうですが、質問の複雑さも難しさの要因になっています。お話の流れをつかんでいないと解けない質問、細かな内容を問う質問、お話とは直接関係のないクイズなど、さまざまな質問があります。質問は年度によって異なっており、これといった傾向はありません。ということは、お話の記憶の基本となる「聞く力」を育てていくことが１番の対策になると言えます。お話をきちんと聞くことができればたいていの問題に対応できます。まずは聞くことを重視して、お話の内容をしっかりとつかめるようにしていきましょう。

【おすすめ問題集】

１話５分の読み聞かせお話集①・②、お話の記憶問題集 中級編・上級編、
Ｊｒ・ウォッチャー19「お話の記憶」

問題11　分野：分野：口頭試問

〈解 答〉　省略

示された選択肢のどれを選んでも正解です。正解ですが、ここで評価されることはありません。本問で問われているのは、選んだ後の「それはなぜですか」の部分になります。ただ、答えに明確な正解不正解はありません。志願者の考え方が問われているのです。また、保護者の方は優先席の意味を教えてあげるようにしてください。「優先席だから席を譲りなさい」では不充分です。それでは言われたからやっているだけで、お子さまに優先席の意味は伝わらないでしょう。こうした問題は、日常生活の中で席を譲ったことがあるかどうかの「経験」が問われているとも言えます。

【おすすめ問題集】

新 口頭試問・個別テスト問題集、新 ノンペーパーテスト問題集

問題12　分野：制作

〈解 答〉　省略

はじめにすべての手順が説明され、①から④の順に作業を進めていきます。「切る」「塗る」「描く」「結ぶ」といった基本的な作業なので、課題自体はそれほど難しいものではありません。ただし、最初の説明で手順をすべて覚えなくてはいけません。また、①から④までの作業はそれぞれの制限時間が決められているので、１つひとつ独立した課題と言うこともできるでしょう。もちろん勝手に作業を進めることはできません。そうした意味では、それぞれの作業がしっかり観られていると考えられます。作品の出来はもちろん大切ですが、作業のていねいさや指示をしっかり守るといった細かなことも大切にしてください。

【おすすめ問題集】
実践 ゆびさきトレーニング①・②・③、Ｊｒ・ウォッチャー23「切る・貼る・塗る」

問題13　分野：運動

〈解 答〉　省略

他校ではあまり見られない課題もあるので、過去問などを参考にして、ひと通りの運動を経験しておいた方がよいでしょう。運動に限ったことではありませんが、一度でも経験したことがあることとはじめて経験することの間には大きな違いがあります。保護者の方はそうしたことをしっかり認識して、傾向に沿った対策をしてください。とはいえ、運動で観られているのは一生懸命取り組む姿勢です。課題がうまくできなかったとしても、あきらめずに挑戦していれば悪い評価にはなりません。がんばりはしっかりと評価してくれます。ふだんの生活の中からそうした姿勢を育んでいくようにしてください。

【おすすめ問題集】
新 運動テスト問題集、Ｊｒ・ウォッチャー28「運動」

問題14　分野：音楽

〈解 答〉　省略

運動の中の１課題として行われることの多かった音楽ですが、今年度は独立した形で実施されました。ですが、観られているのは音楽的な素養ではありません。大きな声で歌ったり、曲に合わせて踊ったりといった課題にどう取り組むかという姿勢が観られています。歌や踊りの質が問われているわけではないのです。あまり得意ではないからといって消極的になってしまうお子さまもいるかと思いますが、そうしたお子さまには「上手い下手は関係ないんだよ」と伝えてあげてください。上手でなくても大きな声で歌い、ぎこちなくても一生懸命踊っていれば、先生はちゃんと評価してくれます。

【おすすめ問題集】
Ｊｒ・ウォッチャー29「行動観察」

問題15　分野：行動観察

〈解 答〉　省略

例年行われているゲーム形式の行動観察です。行われている課題は違いますが、観られているポイントに変化はありません。大まかに言うと「指示を守れるか」「集団行動ができるか」という２点です。これは小学校入学後に必要とされる最低限の約束事です。行動観察を通してそうした資質を観ています。当校の行動観察はゲーム形式なので、夢中になってしまい、お子さまの本質が出やすくなります。試験直前になって「あれをしなさい」「これをしてはだめ」と言ったところで、すぐにできるようにはなりません。ふだんの生活の中から「話をよく聞く」「自分の意見を言う」「人の意見を聞く」といったことができるように心がけていきましょう。

【おすすめ問題集】

Ｊｒ・ウォッチャー29「行動観察」

問題16　分野：親子面接

〈解 答〉　省略

まずは、志願者３名１組で面接を行います。その後、保護者が加わり家庭ごとに分かれ、親子面接が行われます。親子面接ではありますが、面接官から保護者に対して直接質問を行うことはなく、保護者はお子さまが行った面接の様子を聞きその感想を言うことと親子課題のみです。面接時間の３分の２程度が志願者の面接に割かれていることからも、あくまでも面接の中心は志願者であると考えることができます。保護者は親子の関係性の確認といった意味合いが強いでしょう。そういった意味でも、保護者の方は必要以上に自己主張することなくお子さまのサポートに徹するようにしてください。

【おすすめ問題集】

新 小学校受験の入試面接Ｑ＆Ａ、家庭で行う面接テスト問題集、
保護者のための面接最強マニュアル

大阪教育大学附属池田小学校　専用注文書

年　　月　　日

合格のための問題集ベスト・セレクション

＊入試頻出分野ベスト３

1st　推　理

思考力　観察力

2nd　図　形

観察力　思考力

3rd　お話の記憶

聞く力　集中力

推理分野を中心に独特の出題も見られるので、対応できるようにしっかりと試験の傾向をつかんでおきましょう。対応できる力を身に付けるためにも、まずは基礎的な学習を徹底するようにしてください。

分野	書　名	価格(税込)	注文	分野	書　名	価格(税込)	注文
図形	Ｊｒ・ウォッチャー3「パズル」	1,650円	冊	図形	Ｊｒ・ウォッチャー48「鏡図形」	1,650円	冊
図形	Ｊｒ・ウォッチャー5「回転・展開」	1,650円	冊	推理	Ｊｒ・ウォッチャー50「観覧車」	1,650円	冊
図形	Ｊｒ・ウォッチャー8「対称」	1,650円	冊	図形	Ｊｒ・ウォッチャー53「四方からの観察　積み木編」	1,650円	冊
図形	Ｊｒ・ウォッチャー10「四方からの観察」	1,650円	冊	図形	Ｊｒ・ウォッチャー54「図形の構成」	1,650円	冊
常識	Ｊｒ・ウォッチャー11「いろいろな仲間」	1,650円	冊	常識	Ｊｒ・ウォッチャー55「理科②」	1,650円	冊
常識	Ｊｒ・ウォッチャー12「日常生活」	1,650円	冊	推理	Ｊｒ・ウォッチャー58「比較②」	1,650円	冊
推理	Ｊｒ・ウォッチャー15「比較」	1,650円	冊	推理	Ｊｒ・ウォッチャー59「欠所補完」	1,650円	冊
言語	Ｊｒ・ウォッチャー17「言葉の音遊び」	1,650円	冊	言語	Ｊｒ・ウォッチャー60「言葉の音（おん）」	1,650円	冊
言語	Ｊｒ・ウォッチャー18「いろいろな言葉」	1,650円	冊		1話5分の読み聞かせお話集①・②	1,980円	各　冊
常識	Ｊｒ・ウォッチャー27「理科」	1,650円	冊		お話の記憶問題集 中級編・上級編	2,200円	各　冊
観察	Ｊｒ・ウォッチャー29「行動観察」	1,650円	冊		実践 ゆびさきトレーニング①・②・③	2,750円	各　冊
常識	Ｊｒ・ウォッチャー31「推理思考」	1,650円	冊		新 口頭試問・個別テスト問題集	2,750円	冊
図形	Ｊｒ・ウォッチャー45「図形分割」	1,650円	冊		新 運動テスト問題集	2,420円	冊
図形	Ｊｒ・ウォッチャー46「回転図形」	1,650円	冊		新 小学校受験の入試面接Ｑ＆Ａ	2,860円	冊

合計	冊	円

（フリガナ） 氏　名	電　話 ＦＡＸ E-mail
住 所　〒　　　－	以前にご注文されたことはございますか。 有　・　無

★お近くの書店、または記載の電話・FAX・ホームページにてご注文をお受けしております。
電話：03-5261-8951　FAX：03-5261-8953　代金は書籍合計金額＋送料がかかります。
※なお、落丁・乱丁以外の理由による商品の返品・交換には応じかねます。

★ご記入頂いた個人に関する情報は、当社にて厳重に管理致します。なお、ご購入の商品発送の他に、当社発行の書籍案内、書籍に関する調査に使用させて頂く場合がございますので、予めご了承ください。

日本学習図書株式会社
http://www.nichigaku.jp

2020年度の過去問題

問題17　分野：お話の記憶

〈準備〉　クーピーペンシル（オレンジ）

〈問題〉　お話をよく聞いて、後の質問に答えてください。

フルーツの国にパイン君という魔法を使える男の子が住んでいました。今日は、お友だちのリンゴちゃんといっしょに動物園へ行くことになっていました。ただ、朝起きると、雨が降っていました。せっかく動物園に行くのに雨は嫌だなと思ったパイン君は、魔法で雨を甘いアメ玉に変えました。「これで楽しく動物園に行けるぞ」とパイン君は大満足です。それからパイン君は、リンゴちゃんと待ち合わせをして動物園に向かいました。動物園の門に着くと、門には「百獣の王」の絵が描かれていました。まず２人は大人気のパンダの赤ちゃんを見に行くことにしました。パンダの檻に着きましたが、赤ちゃんが見当たりません。そこで２人はお母さんパンダに「赤ちゃんはどこに行ったの」とたずねました。するとお母さんパンダは「赤ちゃんの足あとがあるはずだから、それをヒントにして探してきてちょうだい」と言いました。２人は檻の外にある足跡をたどっていくことにしました。しばらく進むとワニのところに着きました。「赤ちゃんパンダはここにいますか」と２人が聞くと、「ここにはいないよ。そんなことより、２人とも美味しそうだな。ちょうどお腹が空いていたところだし、お前たちを食べてしまおう」と言って口を大きく開けました。そこでパイン君は、魔法でワニの鋭い歯を葉っぱに変えてしまいました。ワニの口からはひらひらと葉っぱが落ちていきます。「何だこれは。どうなっているんだ」とワニがビックリしている間に２人は逃げ出しました。「危なかったね、早く赤ちゃんを見つけよう」と２人はまた足跡をたどって進みました。すると、今度はゾウさんのところに着きました。「赤ちゃんパンダはいませんか」と聞くと、ゾウさんは「ここにはいないよ。そんなことより、赤ちゃんパンダが産まれたから、僕は人気者じゃなくなっちゃったんだ。どうしたらまた人気者になれるかな」と言いました。パイン君は、「じゃあ僕の魔法で人気者にしてあげるよ」と、魔法でゾウの長い鼻を、きれいな色の花びらがたくさんついたお花に変えてあげました。「ありがとう。これで僕はまた人気者になれるよ」とゾウさんは大喜びです。２人はまた先に進んでいきました。途中でリンゴちゃんは道に落ちている割り箸を見つけました。「何かの役に立つかもしれないから拾っていくわ」と、ポケットに割り箸を入れてまた歩き出しました。しばらく行くと、白と黒の可愛らしい背中を見つけました。「あ、赤ちゃんパンダだ」と２人は駆け寄りました。赤ちゃんパンダは、温かくて細長いものを食べているところでした。「どうして檻から出ていったの」と聞くと、赤ちゃんパンダは「人間が食べているものを食べてみたかったんだよ」と言いました。リンゴちゃんは「今度はお母さんに聞いてからにしようね」と言って、みんなでお母さんパンダのところに戻ることにしました。お母さんは「連れて帰ってきてくれてありがとう」と２人にお礼を言いました。「これで安心だね。そうだ、これを拾ったんだけど何かに使えないかな」とリンゴちゃんは割り箸を取り出しました。パイン君が「貸して。いいことを思いついたよ」と魔法を使いました。すると、割り箸は空に架かる７色の橋に変わりました。「わあ、きれいだね」とみんなでその橋を眺めました。

（問題17-１の絵を渡す）

①門に描かれている動物に○をつけてください。

②パイン君は割り箸を何に変えましたか。○をつけてください。

③パイン君とリンゴちゃんは何をヒントに赤ちゃんパンダを探し出しましたか。○をつけてください。

④パイン君とリンゴちゃんが赤ちゃんパンダを見つけた時、赤ちゃんパンダは何を食べていましたか。○をつけてください。

（問題17-２の絵を渡す）

⑤お話の順番通りに絵が並んでいるものに○をつけてください。

〈時 間〉　各15秒

〈解 答〉　①真ん中（ライオン）　②左端（虹）　③左から２番目（足跡）
④右から２番目（ホットドッグ）　⑤下から２番目

［2020年度出題］

学習のポイント

お話の長さは1300字以上という長いお話です。当たり前の話ですが、「～が〇〇した」ということをきちんと頭の中で整理しながら聞き取るようにしなければなりません。そのコツとして、何となく聞くのではなく、頭の中でお話の情景をイメージしながら聞き取ることを習慣付けましょう。まずは、日頃の読み聞かせで、保護者からお子さまへお話の内容に関する質問をしてください。お話を読み終わった後でも、途中でも構いません。お子さまは答えるために、お話の内容をイメージします。繰り返し行っていけば、やがてはお話を聞き取りながら、自然とお話の内容も頭の中でイメージできるようになってきます。イメージすることによって、情報が整理され覚えやすいということですが、難しいことではありません。お話を聞くことに慣れれば自然と身に付く力です。

【おすすめ問題集】

１話５分の読み聞かせお話集①・②、お話の記憶問題集 中級編・上級編、
Ｊｒ・ウォッチャー19「お話の記憶」

問題18　分野：図形（回転図形）

〈準 備〉　クーピーペンシル（オレンジ）

〈問 題〉　上の段を見てください。左の旗を回すと右のようになります。では、下の四角の家も同じように回すと、煙突から出る煙はどうなりますか。右の絵の中に描いてください。

〈時 間〉　30秒

〈解 答〉　下図参照

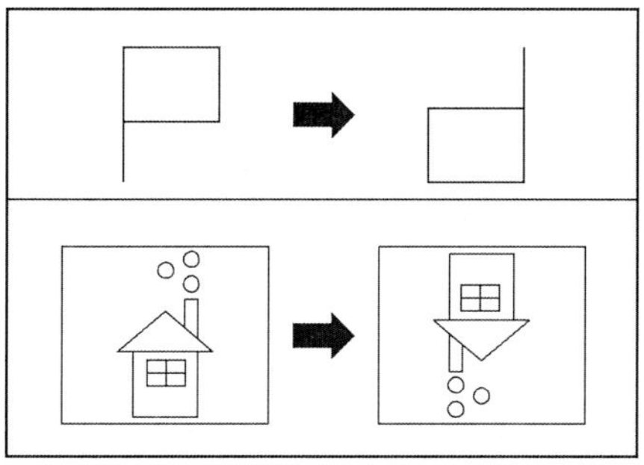

［2020年度出題］

学習のポイント

絵を描いて答える回転図形の問題です。ちなみに小学校受験で「１回まわす」という表現は、例えば四角形なら90度傾けることを表します。ここでは四角形を「２回まわす」ものが答えになります。上下で反転しているのではありません。上の段の旗を見てここまでのことが理解できているなら問題ありませんが、そうでなければ学習が必要です。説明するよりは実際に図形を切り抜いて反転と「２回まわす」の違いを見せてください。図形分野の学習では説明よりも目で見て学ぶ方が効率がよいので、学習の段階では実際に絵を切ったり、手で操作して構いません。試験までにそういったことを頭の中でできるようになればよいのです。

【おすすめ問題集】

Ｊｒ・ウォッチャー4「同図形探し」、46「回転図形」

問題19　分野：言語（言葉の音）

〈準備〉　クーピーペンシル（オレンジ）

〈問題〉　**この問題の絵は縦に使用してください。**

上の段を見てください。☆の横のマスには左から順番に「タ・オ・ル」という音が入ります。○の縦のマスには上から順番に「オ・ム・ラ・イ・ス」という音が入ります。★の横のマスには「ス・イ・カ」という音が入ります。灰色のマスは同じ音が入っているという意味です。上の「オ」と下の「ス」は同じ音ですね。では、下の段に描いてある絵も真ん中の段の灰色のマス目には同じ音が入ります。この時、真ん中の段のマスに入る言葉は何でしょうか。さらに下の段から当てはまる絵を選んで○をつけてください。

※モニターでは文字も表示されたが、参考例としての表示（読めなくてもよい）。

〈時間〉　１分

〈解答〉　下段右（カブトムシ）、上段真ん中（トウモロコシ）、下段真ん中（シマウマ）

[2020年度出題]

学習のポイント

小学校受験では、出題で「文字・数字は使わない」というルールがあるのですが、ここでは例題を説明するのに文字を使っています。もちろん文字を読めなくても正解できるのですが、読めた方が有利です。当校を志望するなら、ひらがな・カタカナは読めるようになっておいた方がよいのかもしれません。それはともかくとして、この問題は言葉の音の問題ととらえましょう。真ん中の段に入る言葉は左から（縦に）５音の言葉、（横に）６音の言葉、（縦に）４音の言葉ということになります。６音の言葉は「トウモロコシ」しかないので、これが横の列に入ります。クロスワード形式は珍しいのですが、言葉の音に関する問題は最近出題が多くなっています。よく学習しておいてください。

【おすすめ問題集】

Ｊｒ・ウォッチャー17「言葉の音遊び」、18「いろいろな言葉」、60「言葉の音（おん）」

問題20　分野：推理（欠所補完）

〈準　備〉　クーピーペンシル（オレンジ）

〈問　題〉　絵を見てください。消防車のホースが伸びています。四角にはどんな絵が入りますか。下の段から選んで○をつけてください。

〈時　間〉　30秒

〈解　答〉　左端

［2020年度出題］

学習のポイント

絵の欠けている部分を補う「欠所補完」の問題です。ホースをつなげるという意識で選択肢を見ればすぐに答えはわかるでしょう。お子さまが間違えたなら「このホースを１本つないでみよう」と、ヒントを与えてみましょう。それでも間違えるのなら、観察力がまだ未熟なのかもしれません。「この絵が当てはまるはずだ」ということがわからないのであれば、多くの絵に触れる、生活で目にするものをじっくり観察して、「常識的にこうなっている」という感覚を養うしかないということになります。小学校受験は生活で目にするものから出題されます。当校ではさらにその傾向が強いので必要な知識や経験を生活の中で手に入れるようにしてください。

【おすすめ問題集】

　Ｊｒ・ウォッチャー３「パズル」、59「欠所補完」

問題21　分野：図形（鏡図形）

〈準　備〉　クーピーペン（オレンジ）

〈問　題〉　上の四角を見てください。鏡の前でクマがこのポーズをした時、鏡にはどのように映ってますか。選んで○をつけてください。

〈時　間〉　15秒

〈解　答〉　右端

［2020年度出題］

学習のポイント

鏡に映した正しい形を選ぶ問題です。鏡に映った像は左右が反対になりますが、上下は変わりません。このことを理解して、クマの絵の特徴的な部分の位置を確認していきます。この問題では、フライパンを持つ手と上げている足に注目しましょう。鏡に映す前は、フライパンを持つ手は左に見えます。ですから、鏡に写すと右に見えます。上げている足も同じです。フライパンの向きで困惑してしまうお子さまも多いかもしれませんが、フライパンは常にクマの顔を向いています。鏡に映してもそこが変わることはありません。お子さまにこのように説明しても、理解していない様子ならば、実際に鏡で同じポーズをとってみてください。

【おすすめ問題集】
Ｊｒ・ウォッチャー８「対称」、48「鏡図形」

問題22　分野：推理、見る記憶

〈準 備〉　クーピーペンシル（オレンジ）

〈問 題〉　①（問題22-１の絵を渡す）
絵のように、男の子が４回ジャンプしました。どのような足跡ができますか。正しいものに○をつけてください。
②（あらかじめ問題22-２の絵を点線で切っておき【１】から順番に５秒間隔で紙芝居のように見せる、見せ終わった後に問題22-３の絵を渡す）
今見た絵の中で１番長く公園にいた動物に○をつけましょう。

〈時 間〉　各20秒

〈解 答〉　①右下　②左端（ウマ）

［2020年度出題］

学習のポイント

実際の試験では①②とも動画で動きを見て質問に答える形式でした。①は人の動きを見て、「～という動きをしているのならば、○○になる」とイメージをできるかが問われています。体の正面を外にしてジャンプしていることから、着地した足跡は常に足の指先が中心の外側を向いているということです。実際に経験していなければイメージしにくいでしょうから、１度やってみてください。②は見る記憶の問題です。動画を見て、どの動物が長い時間映っていたのかを答える問題です。ここで言えることは、１度も画面から目を離さないということぐらいでしょう。そういうことを踏まえると、集中力を観られている問題とも言えます。

【おすすめ問題集】
Ｊｒ・ウォッチャー20「見る記憶・聴く記憶」、31「推理思考」

問題23　分野：図形（四方からの観察）

〈準備〉　クーピーペンシル（オレンジ）

〈問題〉　**この問題の絵は縦に使用してください。**
矢印の方向から見た時に、正しくないものに○をつけてください。

〈時間〉　20秒

〈解答〉　下図参照

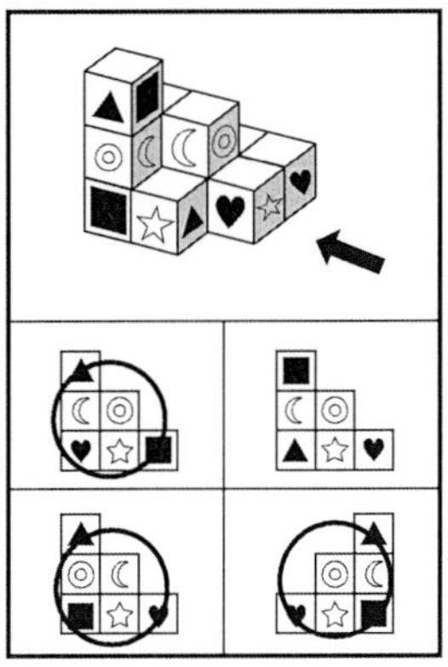

［2020年度出題］

学習のポイント

四方からの観察は、立体的な図形を１つの視点から平面的に見たらどのように見えるかを答える問題です。お子さまにとって「今見ている」ところではない視点でものを見る（考える）ということは、保護者の方が思っている以上に難しいと言えます。さらにこの問題は、矢印の方向から見た時に正しくないものを答えるという指示があるので、それを聞き漏らすと間違えてしまいます。「矢印の方向から見た時に正しくないもの」と言われると、お子さまは少し難しく思うかもしれませんが、言い換えれば、正しいもの以外を選ぶということです。ですから、一般的な「四方からの観察」と同じように、まずは矢印の方向からどのように見えるのかを導き出して、それ以外を答えれば正解になります。

【おすすめ問題集】
Ｊｒ・ウォッチャー10「四方からの観察」、53「四方からの観察　積み木編」

問題24　分野：常識（総合）

〈準備〉　クーピーペンシル（オレンジ）

〈問題〉　（問題24－1の絵を渡す）
①生きものの成長の組み合わせで正しいものを線で結んでください。
②いっしょに使う道具の組み合わせで正しいものを線で結んでください。
（問題24－2の絵を渡す）
③土の中にできる野菜に○をつけてください。
④左に描かれている物の中に白い四角があります。その四角に描かれているマークを右の四角に書いてください。

〈時間〉　各15秒

〈解答〉　①②下図参照　③左端、左から２番目　④〒

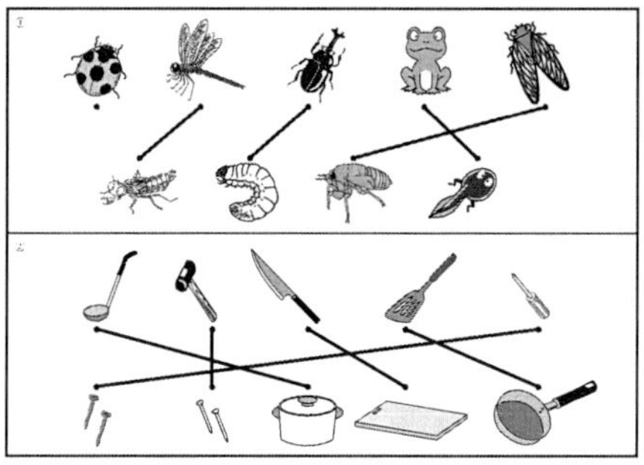

［2020年度出題］

学習のポイント

さまざまな種類の常識が１つの問題で聞かれる形式になっています。ここでは、①生きものの成長、②日常生活で使う道具、③野菜の育ち方、④日常生活で見るマークについて出題されました。このことから幅広い常識分野の知識が問われていることがわかります。また、それら１つひとつについて、経験や思考力を必要とするもの、１度学習しておかないと知識として身に付かないようなものも扱われています。ですから、間違えても心配することはありません。経験や知識を増やしていけばよいということです。生きものの成長や野菜の収穫など見たり、実際にそういったもの触れられる機会があれば、積極的に参加しましょう。

【おすすめ問題集】
Ｊｒ・ウォッチャー11「いろいろな仲間」、12「日常生活」、27「理科」、55「理科②」

問題25　分野：口頭試問

〈準　備〉　なし

〈問　題〉　困っている人がいます。この中から１人だけ選んで、どうやって助けてあげるか教えてください。誰を選ぶのか、指でさしてから話してください。

〈時　間〉　30秒

〈解　答〉　省略

［2020年度出題］

学習のポイント

マナーに関する常識分野の問題は例年よく出題されています。困っている人をどのように助けるか、理由も添えて答える問題です。ここで観られているのは、理由をきちんと言えるかどうかでしょう。ほとんどのお子さまが困っている人を助けるという状況を経験したことがないので、日頃から困っている人を見かけたらどうするのか、お子さまと話し合っておきましょう。例えば、車椅子の人が階段の前で困っていたら、エレベーターのところまで誘導してあげるなどです。もちろん、実際に困っている人がいれば助けてあげてください。また、この問題では、「それでも助けられなかったらどうしますか」と追加の質問もされたそうです。「できなかった時はどうすればよいか」も、保護者の方はお子さまといっしょに話し合っておきましょう。

【おすすめ問題集】
　Ｊｒ・ウォッチャー56「マナーとルール」

問題26　分野：制作

〈準備〉　問題26の絵を参考にして、白い画用紙（△、□、☆、○を均等に描く／穴を１つ開けておく）、青い画用紙（２枚／長方形に切っておく）、ひも、黄色い粘土、青い粘土を用意し、机の引き出しの中に入れておく。ハサミ、のり、クーピーペンシル（12色）は机の上に置いておく

〈問題〉　**この問題は絵を参考にしてください。**

①引き出しの中から白い画用紙を取り出して、黒線に沿ってハサミで切ります。
②切り取った白い画用紙の中に描かれている記号に好きな色を塗ってください。ただし、どの記号も違う色を塗ってください。
③△と□の間に２重線、□と○の間に波線、○と☆の間に折れ線、☆と△の間にコイル状の線を書いてください。
④線を書き終えたら、青い画用紙を白の画用紙の下部に２枚貼ってください。
⑤黄色い粘土で平べったい大きな○を作り、それを白の画用紙の中央に置いてください。
⑥青い粘土で、輪と丸いボールを６個作ります。黄色の粘土の上に、今作った輪を置いて、その周りに丸いボールを置いてください。
⑦白い画用紙の穴に、ひもを通して結んでください。どんな結び方でも構いません。結び終えたら完成です。

〈時間〉　適宜

〈解答〉　省略

［2020年度出題］

学習のポイント

当校の制作問題は指示が複雑なので、最後まで集中して作業に取り組めるようにしましょう。今回はメダルを作ります。「切る」「貼る」「塗る」などの制作の基本作業だけでなく、「ひも通し」「ひも結び」のように少し複雑な作業もあります。本年度は粘土を扱う作業も増えました。黒板にお手本が貼られるので、どのように出来上がるのか確認しながらの作業になります。作品は首にかけるメダルなのですが、粘土を扱ったりと繊細な仕上がりになります。作業中や持ち上げる時などに配慮できるように心がけておきましょう。

【おすすめ問題集】
　実践 ゆびさきトレーニング①・②・③、Ｊｒ・ウォッチャー23「切る・貼る・塗る」

問題27　分野：運動、音楽

〈準備〉　①ラグビーボール、ビニールテープ
ビニールテープでスタートラインを作りその位置にラグビーボールを置く。スタートラインから５～７メートル先にビニールテープで輪を作っておく。
②ビニールテープ、棒２本、ゴムひも２本
先ほど作った輪から５メートル先に棒を２本並立させ、棒同士をゴムひもで２カ所結ぶ。その時のゴムひもを結ぶ上下の間隔はラグビーボールが２個分ほど。
③鉄棒
④テープ（青いテープを平行に貼る、２つほど川の支流のように分けておく）
⑤棒（６～８本）、鈴（複数個）、ひも
棒を立てて、ひもを結ぶ。ひもに鈴をつけておく。
⑥フラフープ（９個）
縦に３つ、横に３つフラフープを置く。

〈問題〉　**この問題の絵はありません。**
①ラグビーボールを転がしながら進み、輪の中に入る。
②輪の中から上下に張られた２本のひもの間に入るように、ラグビーボールを投げる。
③鉄棒に逆手でつかまり、３秒ぶら下がる。
④川に見立てたテープをまたぐように両手両足をついて、横に進む。
⑤ゴムひもについた鈴を鳴らさないように、くぐったりまたいだりする。
⑥円の中をリズムよくステップしながら好きな歌をうたう。

〈時間〉　適宜

〈解答〉　省略

［2020年度出題］

学習のポイント

運動の課題です。１つひとつの指示が複雑そうに見えますが、しっかりと聞けばそれほど難しいものではありません。また、課題がうまくいかなくても、ほとんど心配する必要はないでしょう。ここでは運動の出来不出来より、指示をしっかり聞くこと、課題中・終わった後の姿勢・態度を重点的に観ているからです。この課題では、運動だけでなく、リズムよくステップしながら歌をうたうという音楽の要素も含まれています。前述したことと同じですが、歌がうまいことよりも、楽しみながらその課題を取り組んでいることの方が大切です。

【おすすめ問題集】
新 運動テスト問題集、Ｊｒ・ウォッチャー28「運動」

問題28　分野：行動観察

〈準　備〉　お買い物のすごろく、サイコロ、本（５冊）、紙コップ、トング、小さじ、大さじ、お玉、スプーン、箱

〈問　題〉　**この問題は絵を参考にしてください。**

【お買い物】

先生「今日は、お母さんがカレーを作っています。しかし、お母さんはカレーの具材を買うのを忘れてしまいました。なので、みんなは図書館で本を返した後、具材を買いに行きましょう」

（４～５名のチームに分かれて行う）

・今から、サイコロを振って家から図書館（本の絵のマス）へ向かってください。

・図書館に着いたら、ジャガイモとニンジンのマスを通って家に帰ってください。

・時間内に１番豪華なカレーを作れたチームの勝利です。

みんなで相談して以下のことを決めてください。

・サイコロを振る順番

・ジャガイモ、ニンジン、ギザギザマークのマスをどこに設置するのか

・チームのコマ

【チャンスタイム】

①ギザギザマークに止まった場合

３枚のカードのうち１枚を引いてください。ネコの絵が出たら２マス、ウサギの絵が出たら１マス進めます。イヌの絵が出たら来たマスを２つ戻ってください。

②図書館（本の絵のマス）に着いた場合

・散らばった本（５冊）を素早く片付けます。１番早く片付けたチームの勝利です。勝ったチームはカレーにのせるトンカツをもらえます。

※片付け終えた後、「どのようにきれいに並べたのか」聞く。

・紙コップ、トング、小さじ、大さじ、お玉、スプーンを使ってピンポン玉を箱まで運びます。誰がどの道具を使うのか、チームで相談してください。紙コップを持った子がかごからピンポン玉をすくうところからスタートし、さまざまな道具を使ってピンポン玉をリレーしていきます。途中で落としてしまったらはじめからやり直してください。１番早く箱までピンポン玉を運んだチームの勝利です。勝ったチームはカレーにのせる玉子をもらえます。

※終わったら、道具を元の場所に戻してください。

〈時　間〉　適宜

〈解　答〉　省略

［2020年度出題］

学習のポイント

当校の行動観察は、４～５名のグループに分かれてゲームを行います。行動観察の観点は「協調性」です。サイコロを振る順番、マスをどこへ置くかなどは志願者同士で話し合って決めるので、お友だちの意見を聞いたり、自分の意見を伝えることがとても大切になってきます。この年齢のお子さまにとって、そのように指導してもなかなかできるものではありません。日頃から、ほかのお友だちと遊ぶ機会を作るなどで、保護者の方はお子さまにほかのお友だちといっしょに何かすることに慣れさせておきましょう。ほかのお友だちと遊んでいると、何かしらお子さま間でトラブルは生じるものです。しかしすぐに保護者の方が干渉するのではなく、子ども同士でどうやって解決するのか見守ってください。日頃の遊びの中で「協調性」を学べる機会となるからです。

【おすすめ問題集】
　Ｊｒ・ウォッチャー29「行動観察」

問題29　分野：親子面接

〈準備〉　なし

〈問題〉　この問題の絵はありません。

【志願者へ】
・お名前を教えてください。
・通っている幼稚園名を教えてください。
・担任の先生の名前を教えてください。
・１番仲のいいお友だちの名前を教えてください。
・１番好きな遊びは何ですか。言わずに、その真似をしてください。
・今日の朝ごはんは何でしたか。教えてください。
・今日は、帰ったら何がしたいですか。
（保護者が入室）
・今、先生とどんなことをお話したか、教えてあげてください。

【保護者へ】
・お子さまの話を聞いた感想を教えてください。

〈時間〉　20分程度

〈解答〉　省略

［2020年度出題］

学習のポイント

志願者・保護者に対する面接です。はじめに志願者３名１組で質問が行われます。終了後、教室の３カ所に分かれ、それぞれ保護者とともに面接をするという形式で行われました。志願者への質問は、３人共通のものと、１人ひとり違うものがあったようです。同じ質問の場合は、前の人の答えを真似せずに、挙手した順で答えます。質問を聞く姿勢、元気よくハキハキと答えられるか、そのときの表情などが観点となっています。もちろん、入退室の時の挨拶も評価の対象となります。その後に保護者が入室という形になります。保護者が合流してからは、お子さまの安心した表情や、保護者への説明する時の様子などを通して、親子関係を観ています。試験に向け、志願者と保護者が「ともにがんばる」という姿勢で準備をしていくのが望ましいでしょう。

【おすすめ問題集】

新 小学校受験の入試面接Ｑ＆Ａ、家庭で行う面接テスト問題集、
保護者のための面接最強マニュアル

問題17－1

①

②

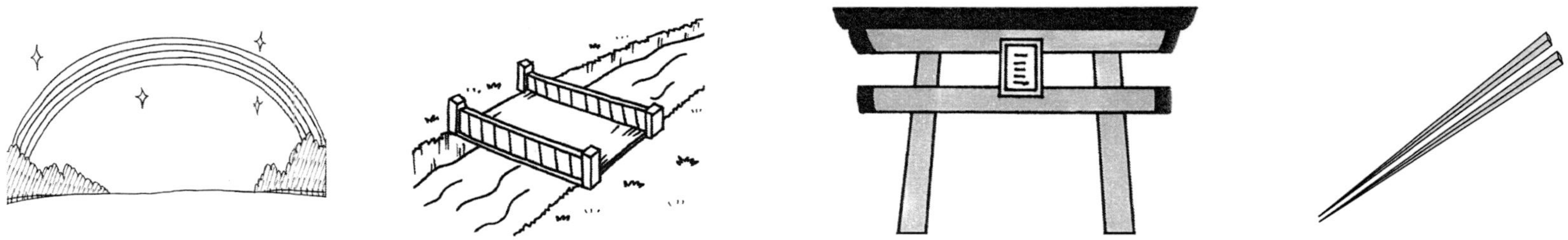

③

④

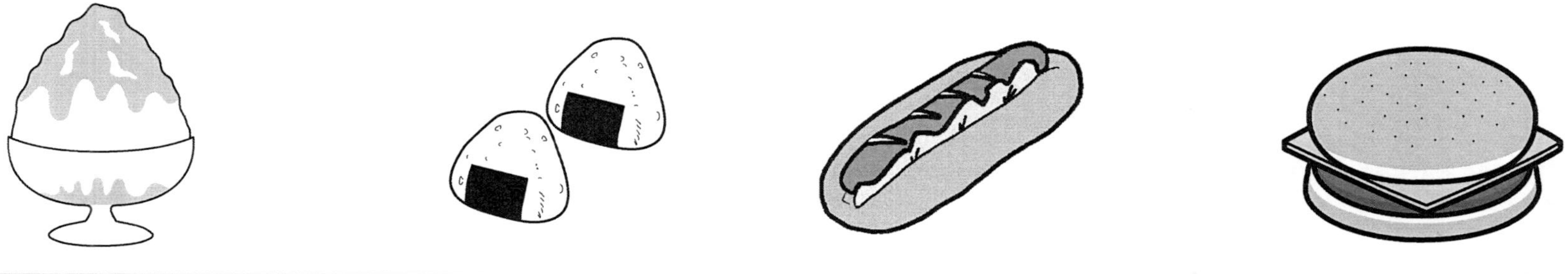

　

日本学習図書株式会社

問題17－2

⑤

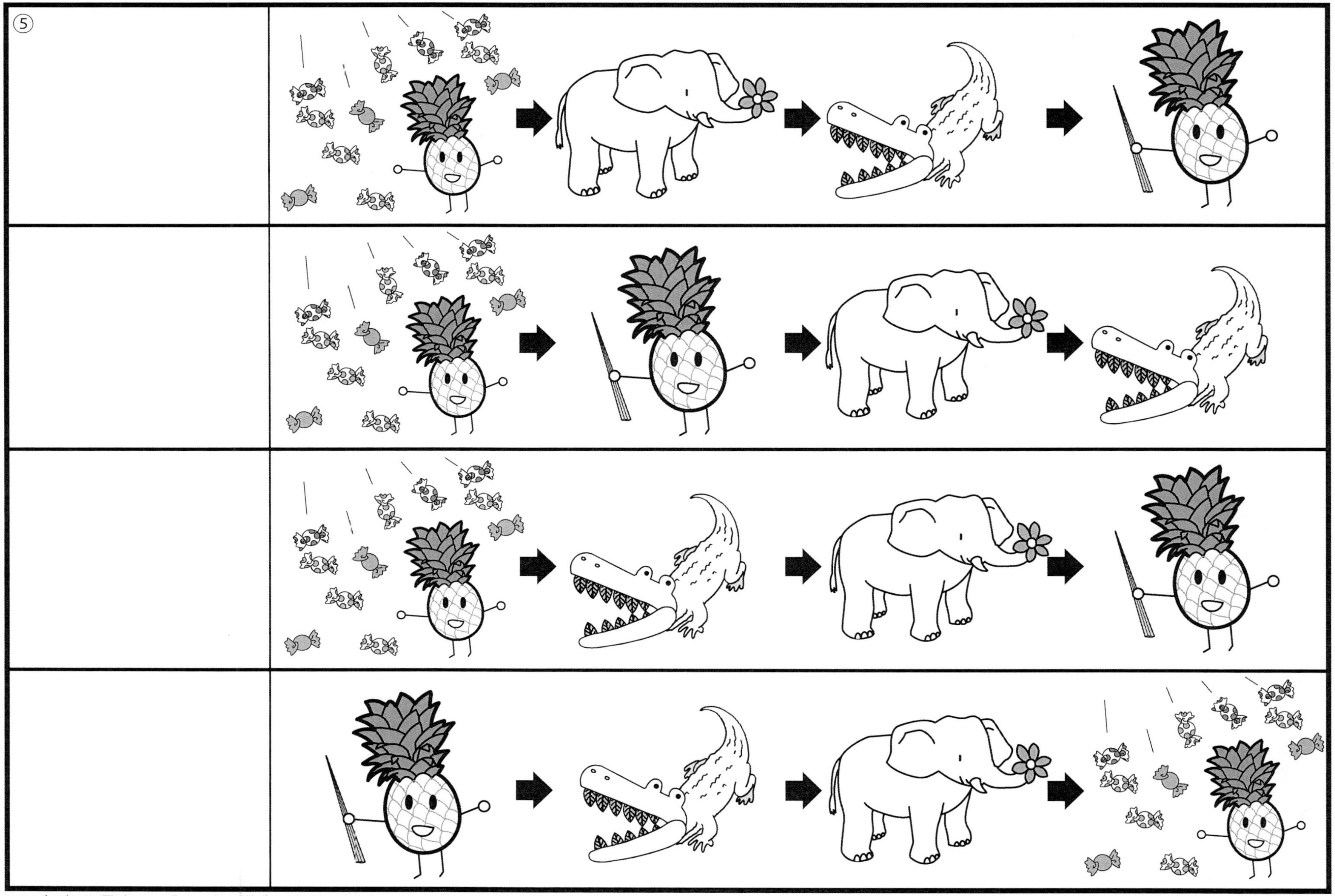

問題１８

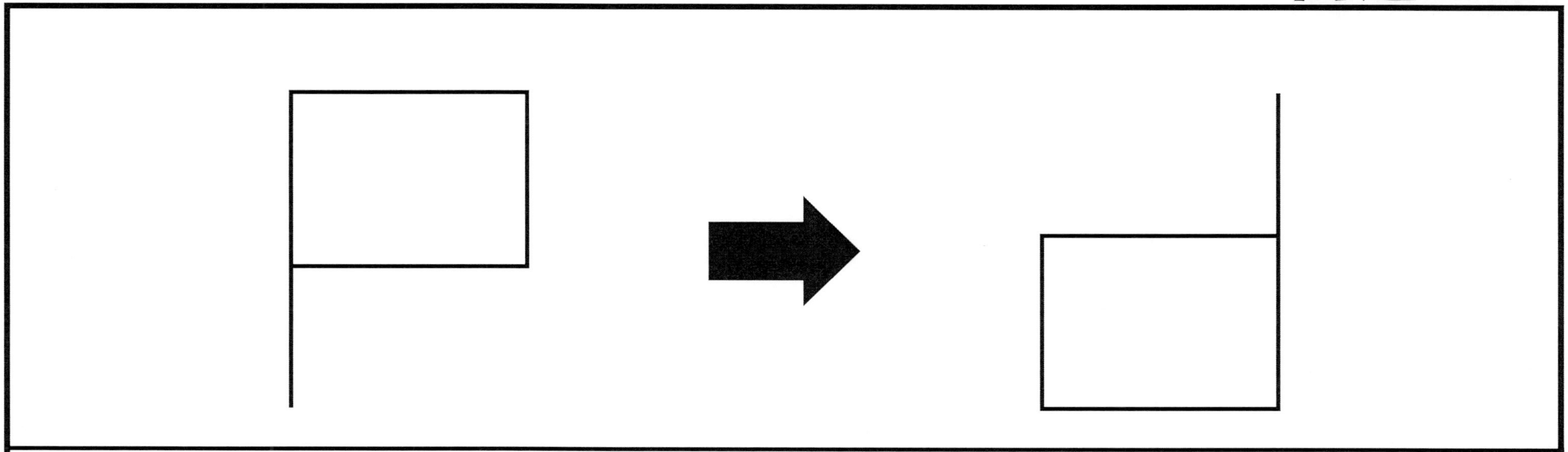

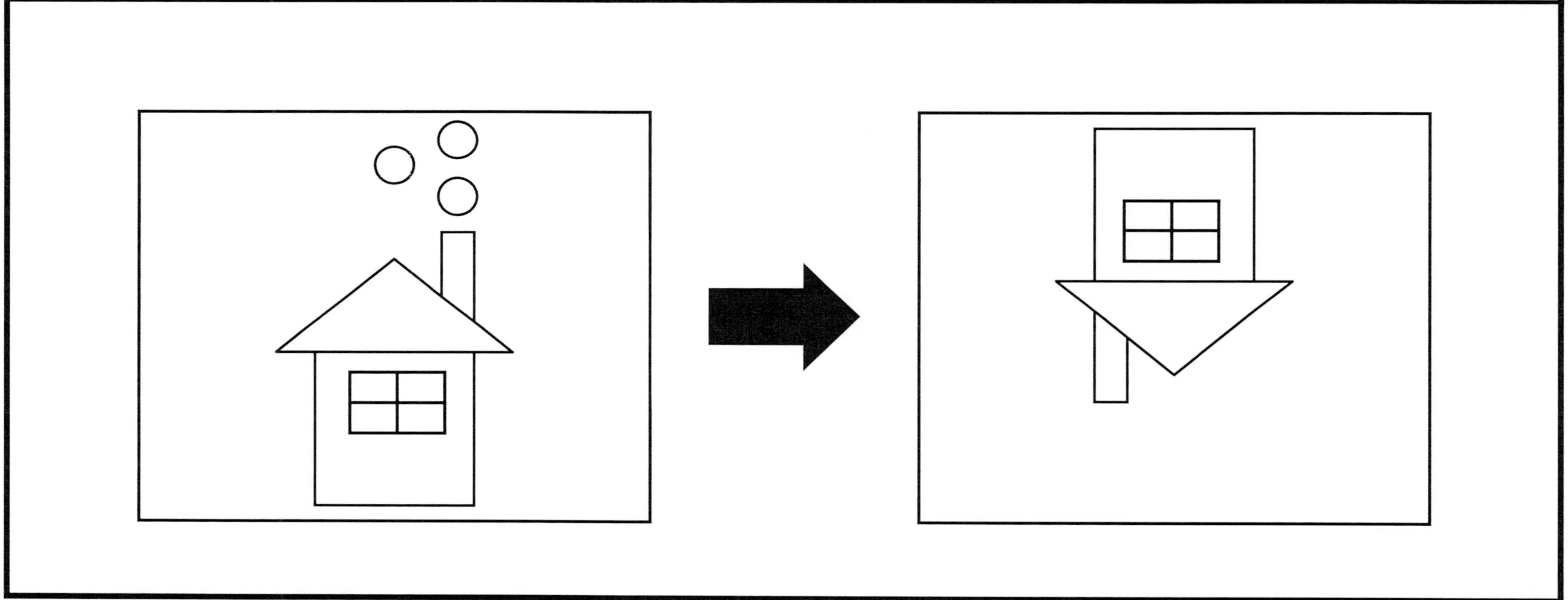

問題１９

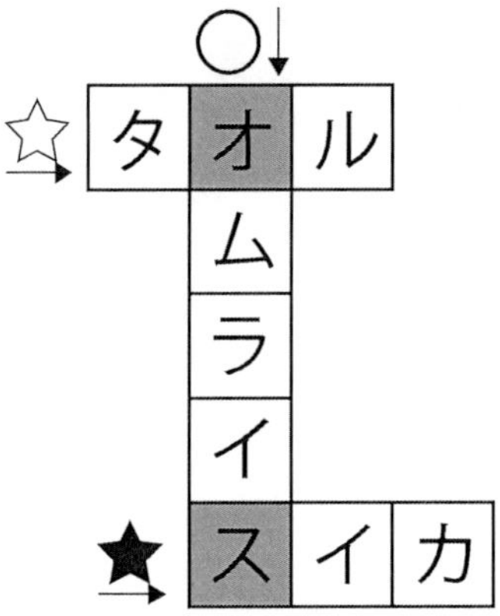

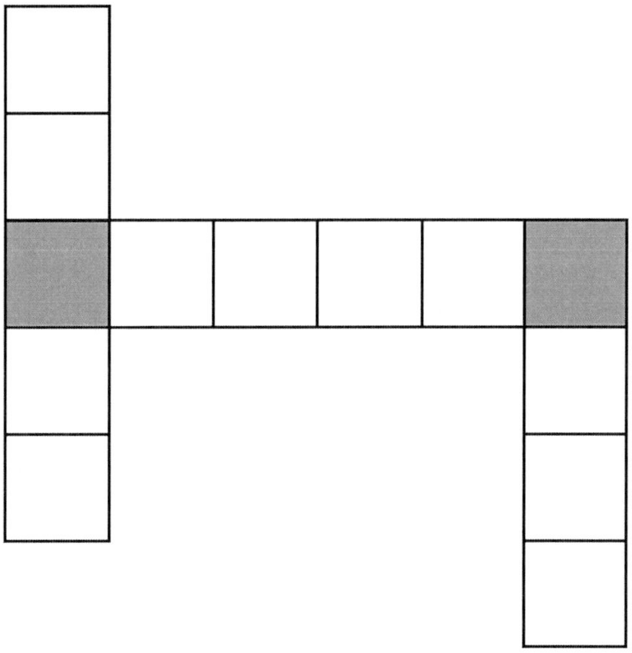

問題２０

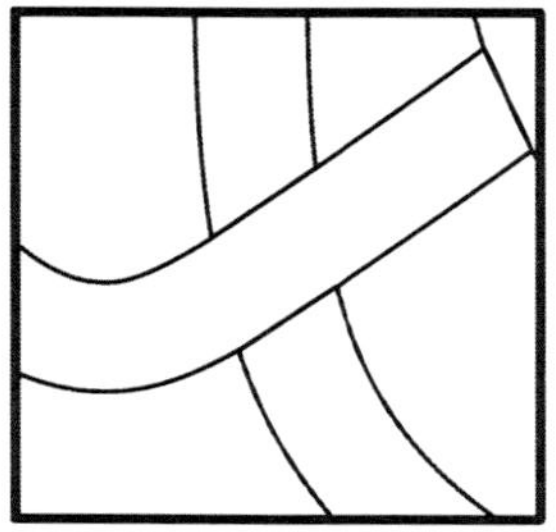

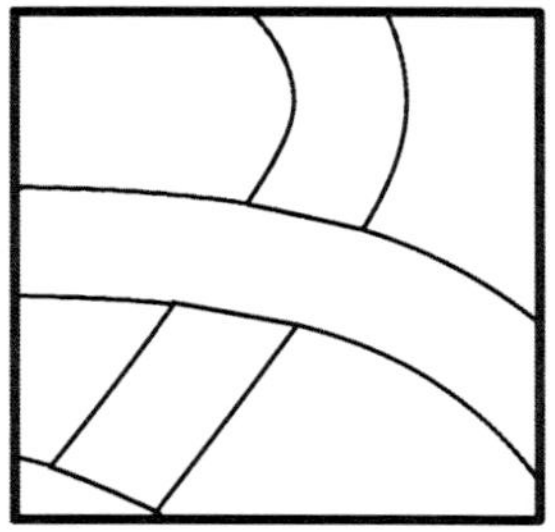

問題２１

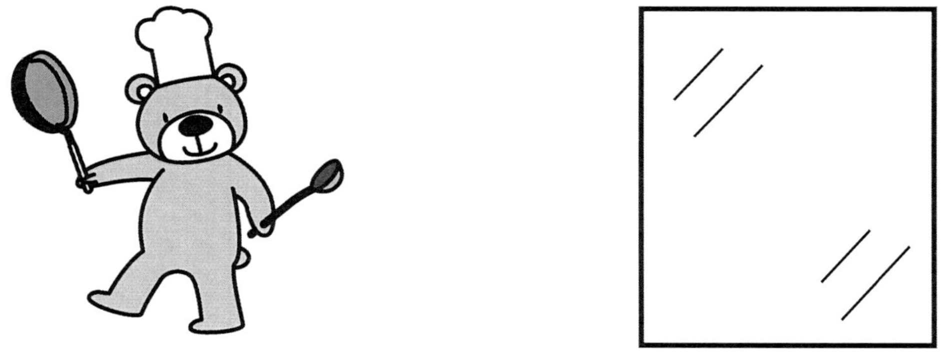

問題２２−１

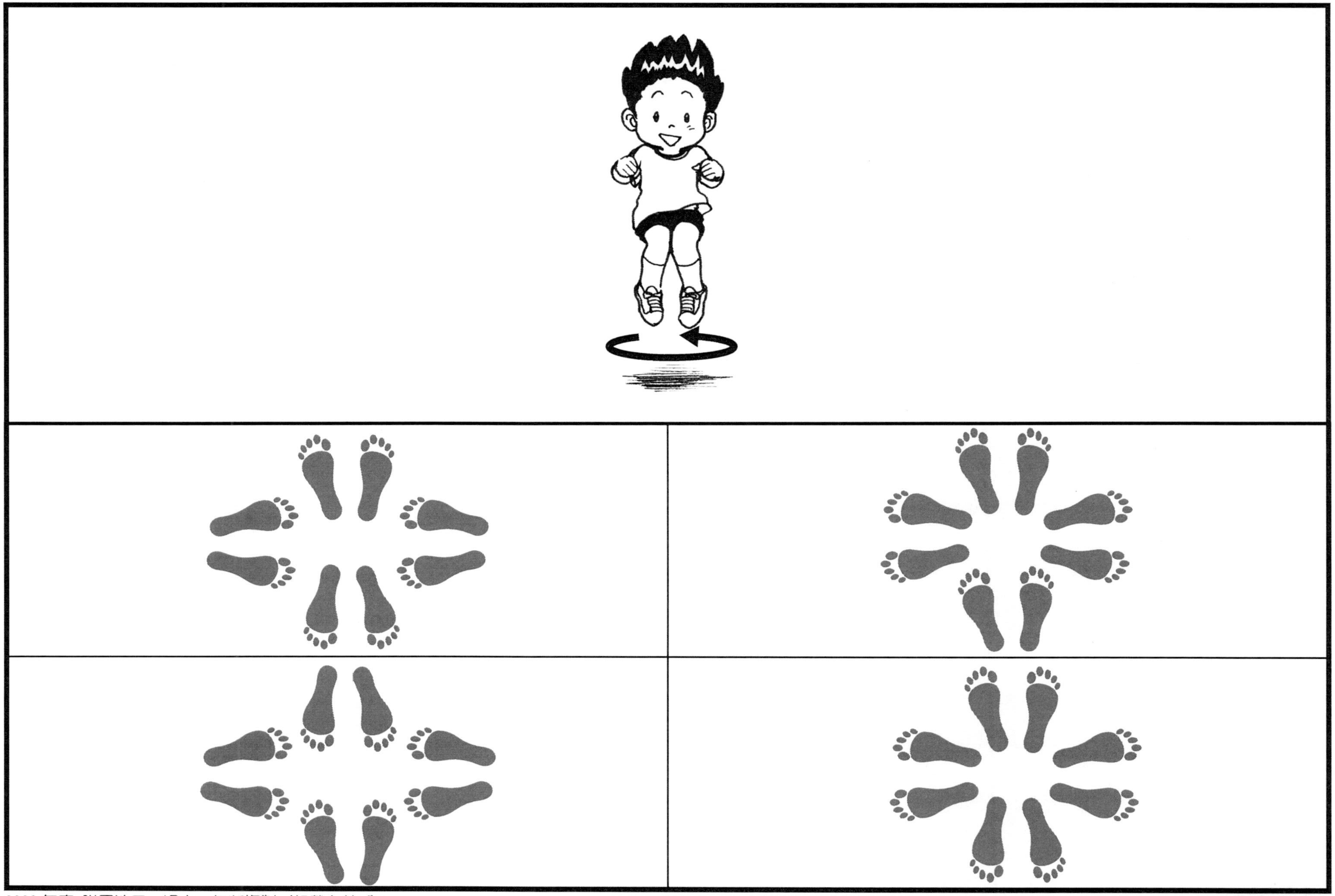

問題２２－２

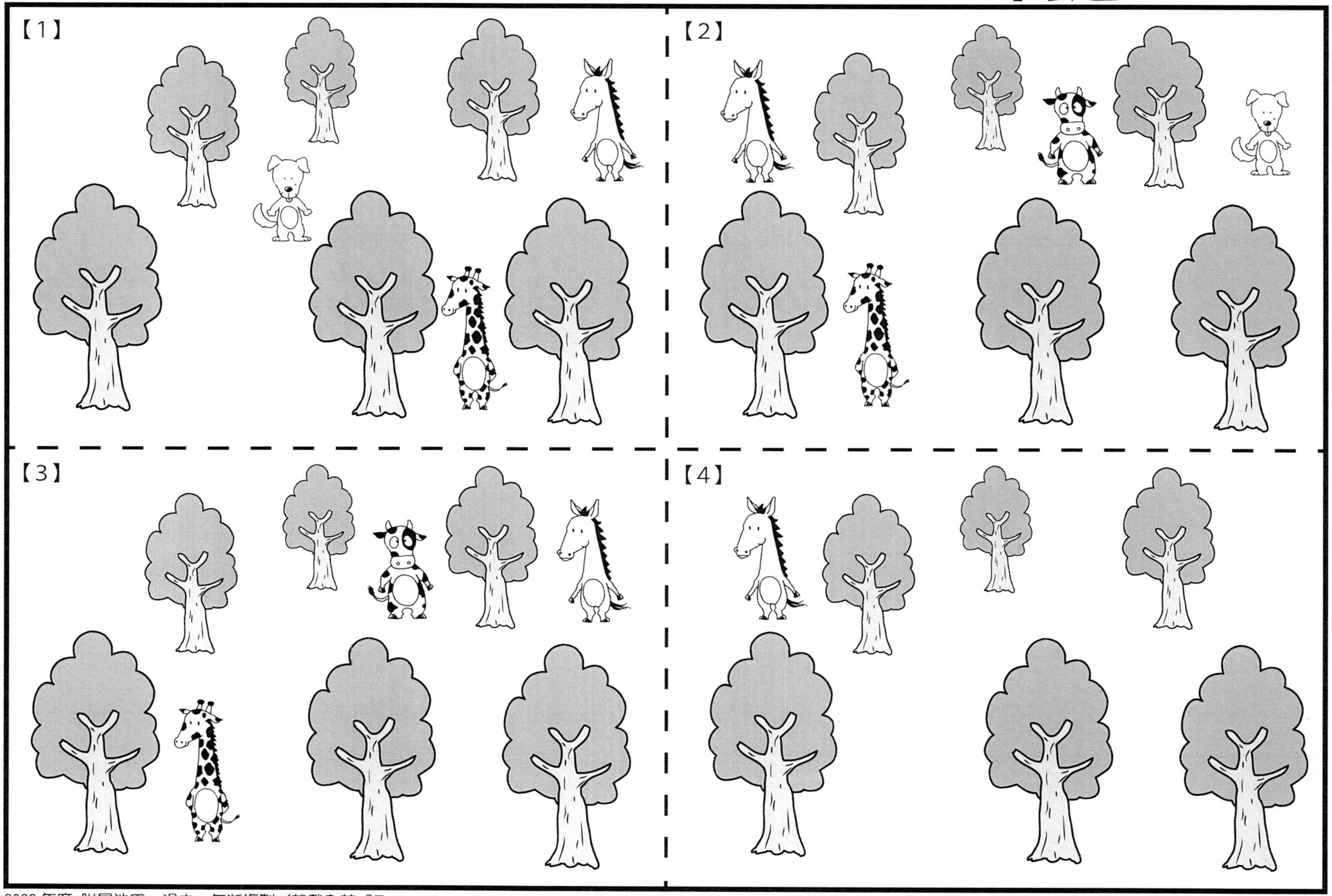

問題22－3

問題２３

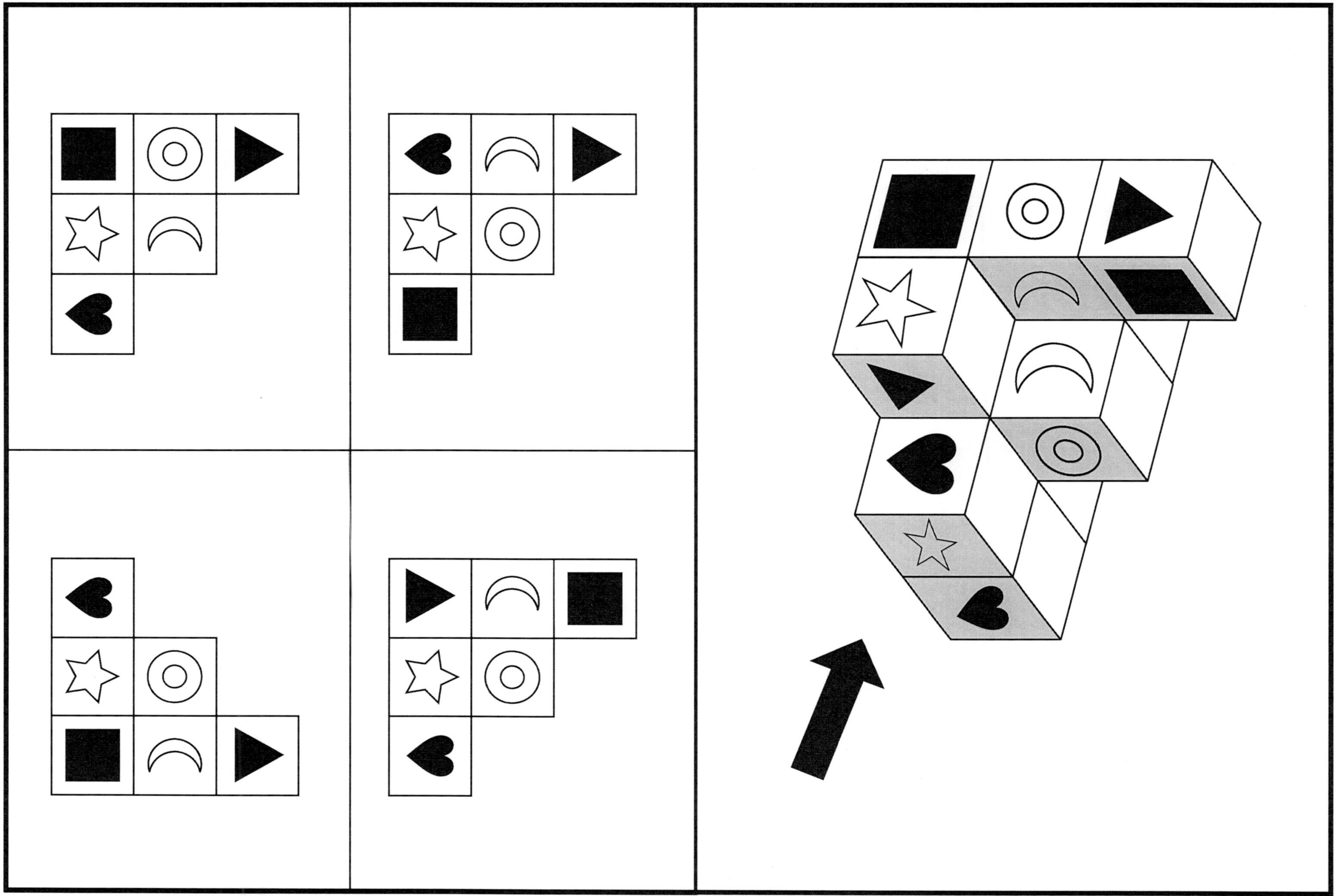

日本学習図書株式会社

2022 年度 附属池田 過去 無断複製／転載を禁ずる

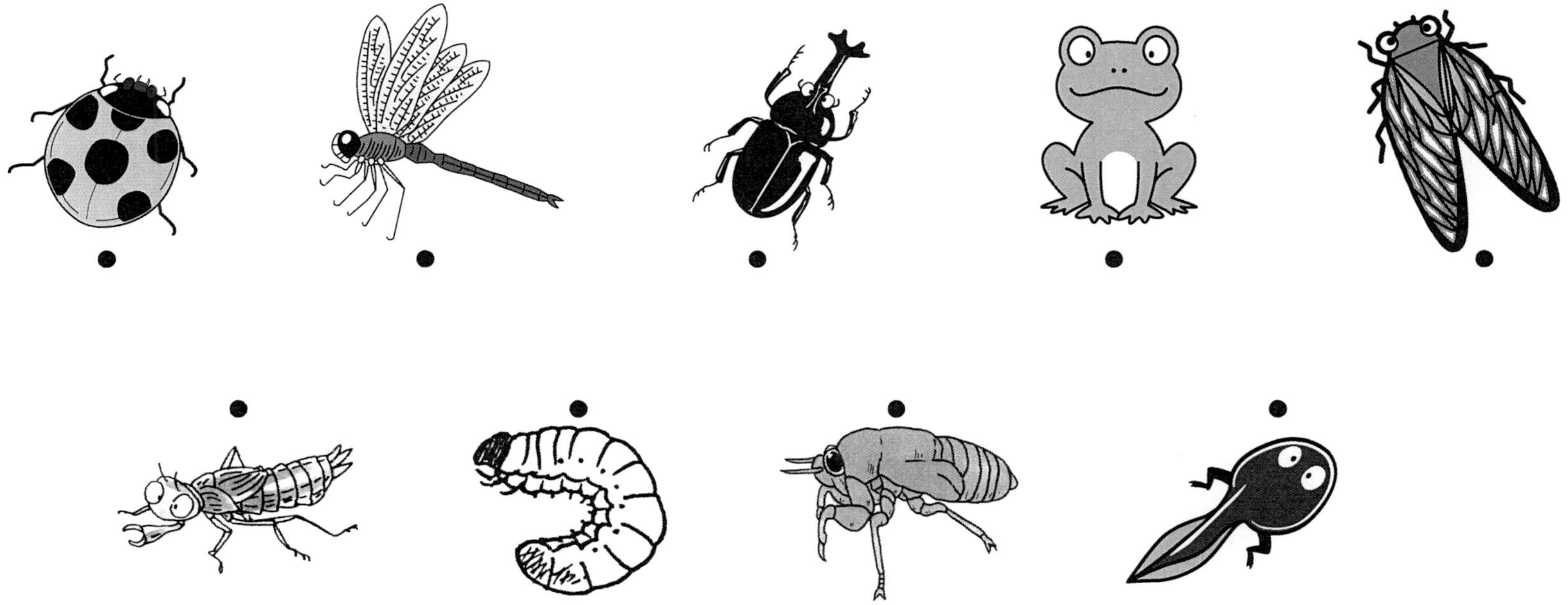

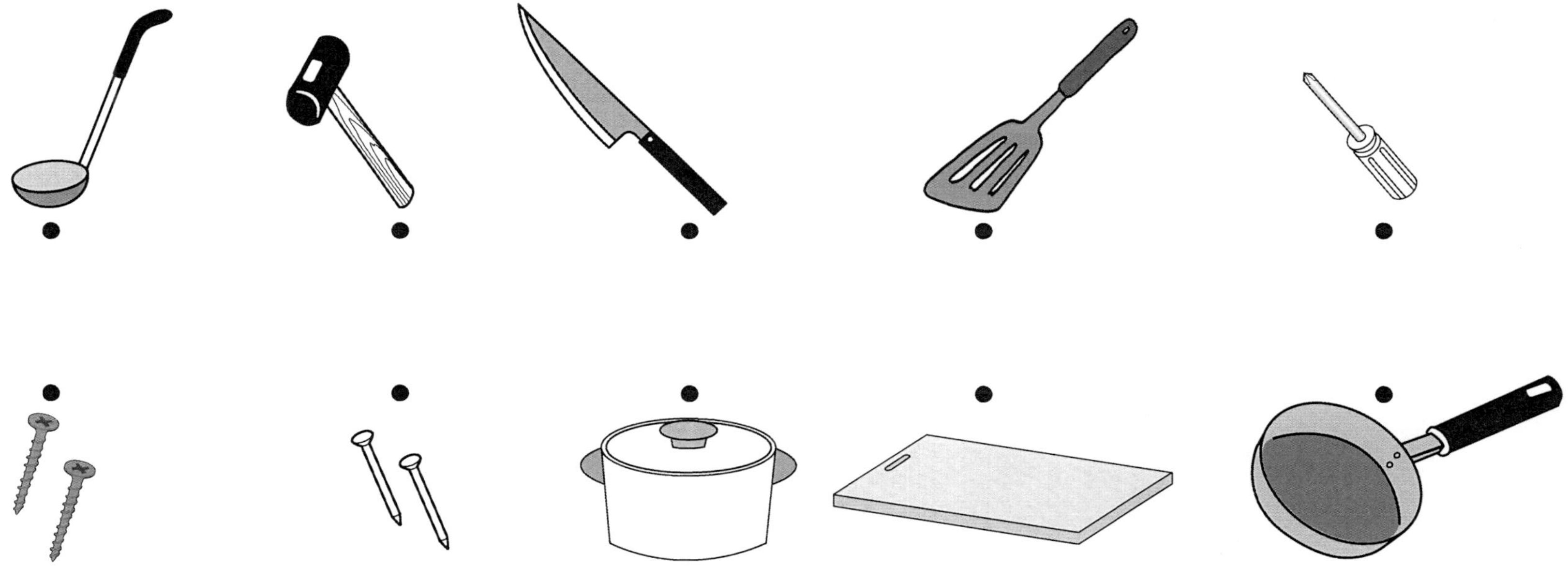

③

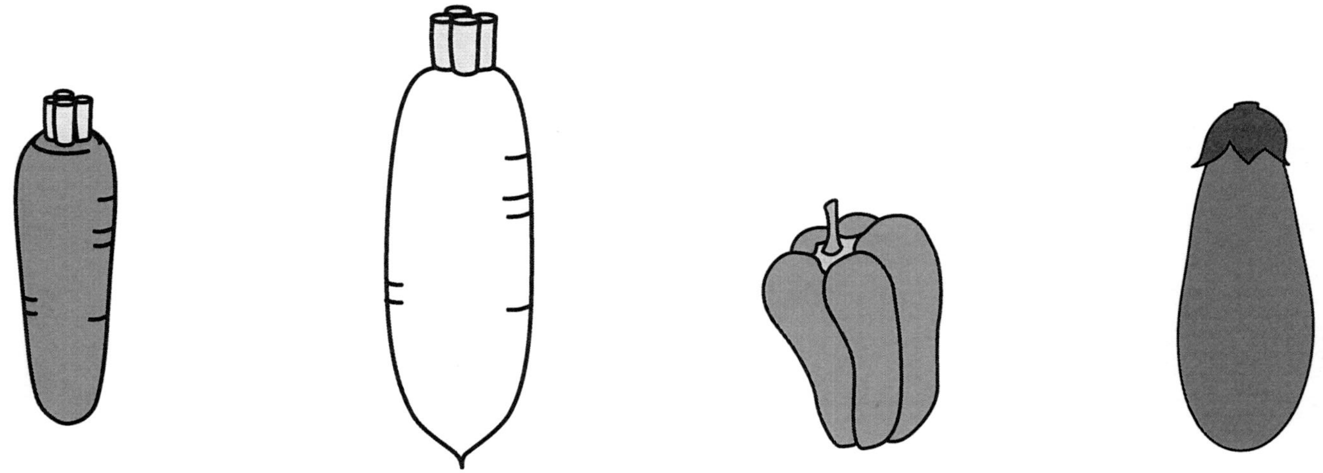

④

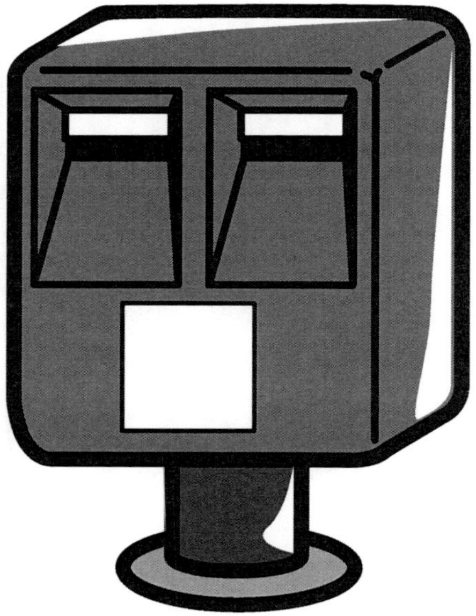

問題２５

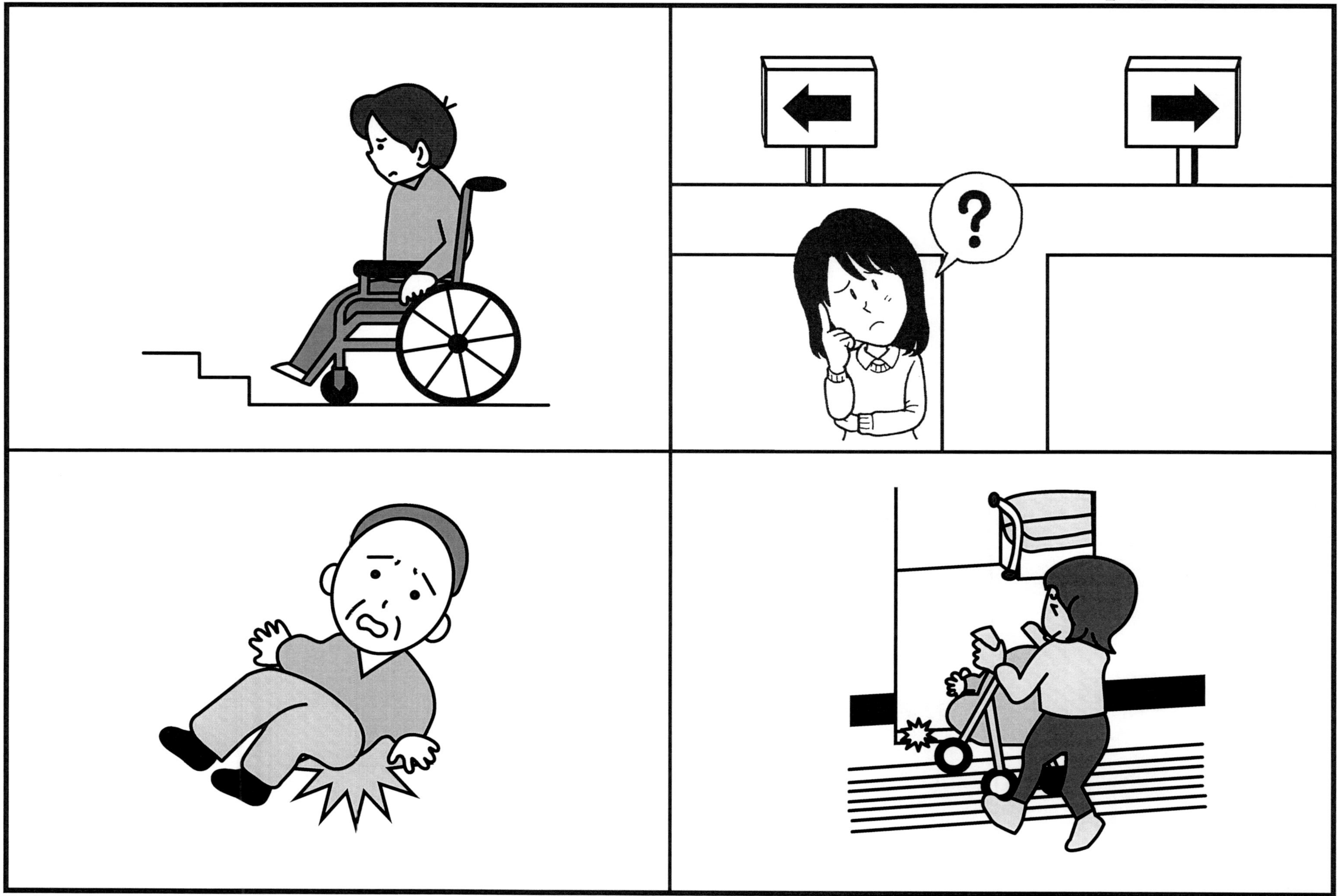

問題２６

白画用紙

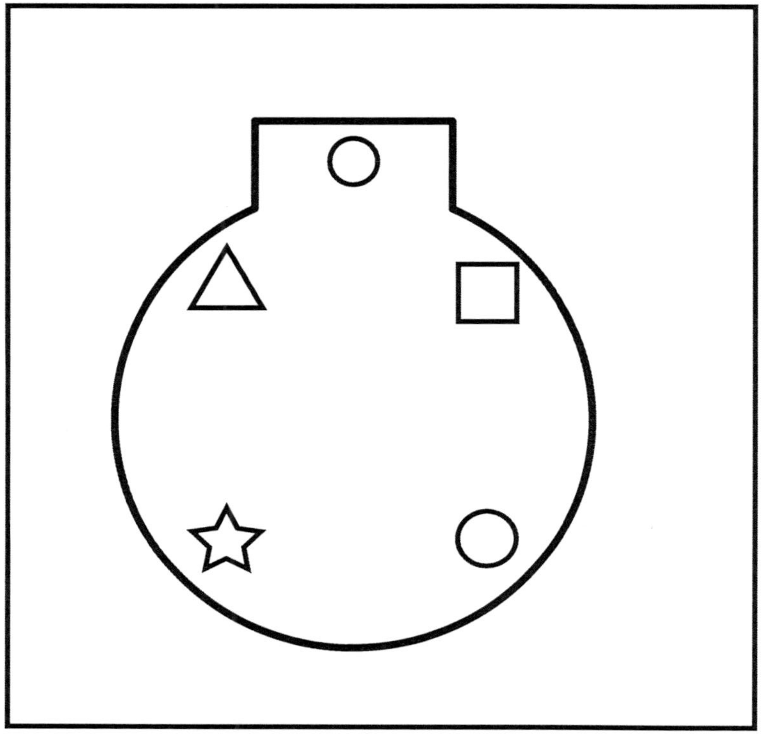

完成図

2022 年度 附属池田　過去　無断複製／転載を禁ずる　日本学習図書株式会社

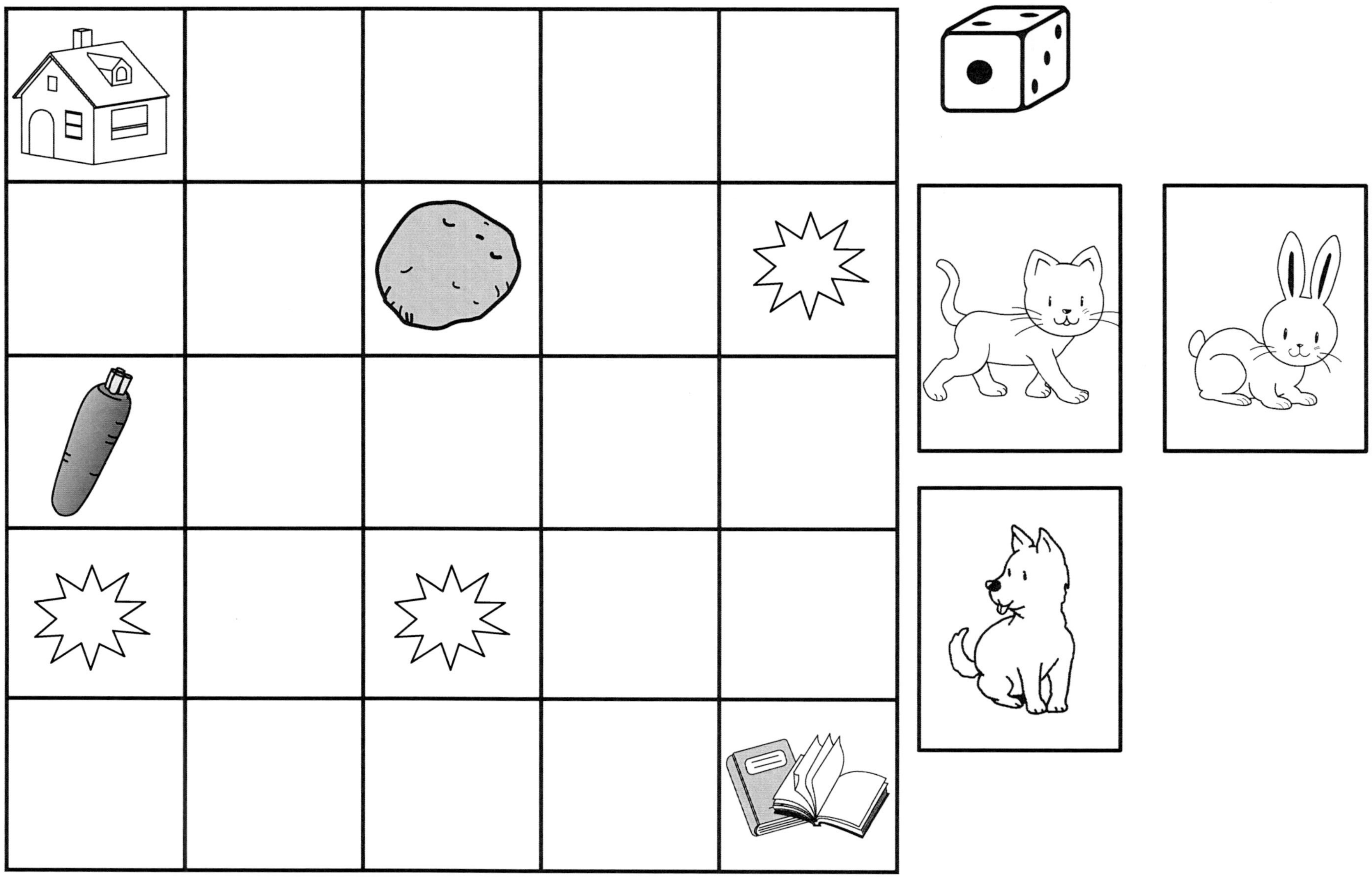

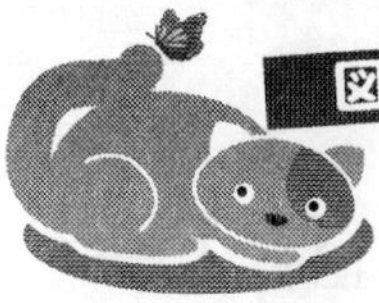

図書カード 1000 円分プレゼント

ご記入日　　　年　月　日

☆国・私立小学校受験アンケート☆

※可能な範囲でご記入下さい。選択肢は○で囲んで下さい。

〈小学校名〉＿＿＿＿＿＿＿＿＿＿　〈お子さまの性別〉男・女　〈誕生月〉＿＿月

〈その他の受験校〉（複数回答可）＿＿＿＿＿＿＿＿＿＿＿＿＿＿＿＿

〈受験日〉①：＿＿月＿＿日〈時間〉＿＿時＿＿分　〜　＿＿時＿＿分

②：＿＿月＿＿日〈時間〉＿＿時＿＿分　〜　＿＿時＿＿分

〈受験者数〉男女計＿＿名（男子＿＿名　女子＿＿名）

〈お子さまの服装〉＿＿＿＿＿＿＿＿＿＿＿＿＿＿＿＿

〈入試全体の流れ〉（記入例）準備体操→行動観察→ペーパーテスト

＿＿＿＿＿＿＿＿＿＿＿＿＿＿＿＿＿＿＿＿＿＿＿＿

Eメールによる情報提供

日本学習図書では、Eメールでも入試情報を募集しております。

下記のアドレスに、アンケートの内容をご入力の上、メールをお送り下さい。

ojuken@nichigaku.jp

●行動観察　（例）好きなおもちゃで遊ぶ・グループで協力するゲームなど

〈実施日〉＿＿月＿＿日〈時間〉＿＿時＿＿分　〜　＿＿時＿＿分〈着替え〉□有　□無

〈出題方法〉□肉声　□録音　□その他（　　　　　）〈お手本〉□有　□無

〈試験形態〉□個別　□集団（　　　人程度）

〈会場図〉

〈内容〉

□自由遊び

＿＿＿＿＿＿＿＿＿＿＿＿＿＿＿＿＿＿

□グループ活動

＿＿＿＿＿＿＿＿＿＿＿＿＿＿＿＿＿＿

□その他

＿＿＿＿＿＿＿＿＿＿＿＿＿＿＿＿＿＿

●運動テスト（有・無）　（例）跳び箱・チームでの競争など

〈実施日〉＿＿月＿＿日〈時間〉＿＿時＿＿分　〜　＿＿時＿＿分〈着替え〉□有　□無

〈出題方法〉□肉声　□録音　□その他（　　　　　）〈お手本〉□有　□無

〈試験形態〉□個別　□集団（　　　人程度）

〈会場図〉

〈内容〉

□サーキット運動

□走り　□跳び箱　□平均台　□ゴム跳び

□マット運動　□ボール運動　□なわ跳び

□クマ歩き

□グループ活動＿＿＿＿＿＿＿＿＿＿＿＿＿＿＿＿

□その他＿＿＿＿＿＿＿＿＿＿＿＿＿＿＿＿

●知能テスト・口頭試問

〈実施日〉 ＿＿月＿＿日 〈時間〉 ＿＿時＿＿分 ～ ＿＿時＿＿分 〈お手本〉□有 □無

〈出題方法〉 □肉声 □録音 □その他（　　　　　） 〈問題数〉 ＿＿枚 ＿＿問

分野	方法	内容	詳細・イラスト
（例） お話の記憶	☑筆記 □口頭	動物たちが待ち合わせをする話	（あらすじ） 動物たちが待ち合わせをした。最初にウサギさんが来た。次にイヌくんが、その次にネコさんが来た。最後にタヌキくんが来た。 （問題・イラスト） ３番目に来た動物は誰か 
お話の記憶	□筆記 □口頭		（あらすじ） （問題・イラスト）
図形	□筆記 □口頭		
言語	□筆記 □口頭		
常識	□筆記 □口頭		
数量	□筆記 □口頭		
推理	□筆記 □口頭		
その他	□筆記 □口頭		

●制作　（例）ぬり絵・お絵かき・工作遊びなど

〈実施日〉　　月　　日〈時間〉　　時　　分　～　　時　　分

〈出題方法〉　□肉声　□録音　□その他（　　　　　　）〈お手本〉□有　□無

〈試験形態〉　□個別　□集団（　　　人程度）

材料・道具	制作内容
□ハサミ □のり（□つぼ □液体 □スティック） □セロハンテープ □鉛筆 □クレヨン（　色） □クーピーペン（　色） □サインペン（　色）□ □画用紙（□ A4 □ B4 □ A3 　□その他：　　　　　） □折り紙 □新聞紙 □粘土 □その他（　　　　　）	□切る　□貼る　□塗る　□ちぎる　□結ぶ　□描く　□その他（　　　　　） タイトル：＿＿＿＿＿＿＿＿＿＿

●面接

〈実施日〉　　月　　日〈時間〉　　時　　分　～　　時　　分〈面接担当者〉＿＿名

〈試験形態〉□志願者のみ（　　）名　□保護者のみ　□親子同時　□親子別々

〈質問内容〉

※試験会場の様子をご記入下さい。

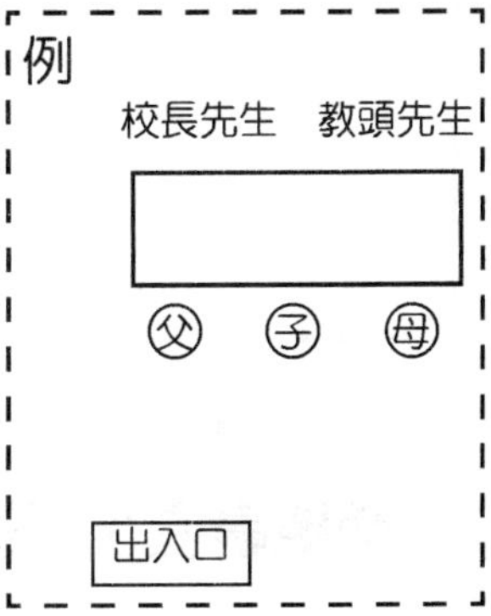

□志望動機　□お子さまの様子

□家庭の教育方針

□志望校についての知識・理解

□その他（　　　　　　　　　　）

（詳　細）

・

・

・

・

●保護者作文・アンケートの提出（有・無）

〈提出日〉　□面接直前　□出願時　□志願者考査中　□その他（　　　　　　　　）

〈下書き〉　□有　□無

〈アンケート内容〉

（記入例）当校を志望した理由はなんですか（150字）

●説明会（□有　□無）〈開催日〉　月　日〈時間〉　時　分　～　時　分

〈上履き〉　□要　□不要　〈願書配布〉　□有　□無　〈校舎見学〉　□有　□無

〈ご感想〉

●参加された学校行事（複数回答可）

公開授業〈開催日〉　月　日〈時間〉　時　分　～　時　分

運動会など〈開催日〉　月　日〈時間〉　時　分　～　時　分

学習発表会・音楽会など〈開催日〉　月　日〈時間〉　時　分　～　時　分

〈ご感想〉

※是非参加したほうがよいと感じた行事について

●受験を終えてのご感想、今後受験される方へのアドバイス

※対策学習（重点的に学習しておいた方がよい分野）、当日準備しておいたほうがよい物など

＊＊＊＊＊＊＊＊＊＊＊＊＊　ご記入ありがとうございました　＊＊＊＊＊＊＊＊＊＊＊＊＊

必要事項をご記入の上、ポストにご投函ください。

なお、本アンケートの送付期限は入試終了後３ヶ月とさせていただきます。また、入試に関する情報の記入量が当社の基準に満たない場合、謝礼の送付ができないことがございます。あらかじめご了承ください。

ご住所：〒

お名前：　　　　　　　　メール：

ＴＥＬ：　　　　　　　　ＦＡＸ：

ご記入頂いた個人に関する情報は、当社にて厳重に管理致します。弊社の個人情報取り扱いに関する詳細は、www.nichigaku.jp/policy.php の「個人情報の取り扱い」をご覧下さい。

分野別 小学入試練習帳 ジュニアウォッチャー

1．点・線図形	小学校入試で出題頻度の高い『点・線図形』の模写を、難易度の低いものから段階別に幅広く練習することができるように構成。
2．座標	図形の位置模写という作業を、難易度の低いものから段階別に練習できるように構成。
3．パズル	様々なパズルの問題を難易度の低いものから段階別に練習できるように構成。
4．同図形探し	小学校入試で出題頻度の高い、同図形選びの問題を繰り返し練習できるように構成。
5．回転・展開	図形などを回転、または展開したとき、形がどのように変化するかを学習し、理解を深められるように構成。
6．系列	数、図形などの様々な系列問題を、難易度の低いものから段階別に練習できるように構成。
7．迷路	迷路の問題を繰り返し練習できるように構成。
8．対称	対称に関する問題を４つのテーマに分類し、各テーマごとに問題を段階別に練習できるように構成。
9．合成	図形の合成に関する問題を、難易度の低いものから段階別に練習できるように構成。
10．四方からの観察	もの（立体）を様々な角度から見て、どのように見えるかを推理する問題を段階別に整理し、１つの形式で複数の問題を練習できるように構成。
11．いろいろな仲間	ものや動物、植物の共通点を見つけ、分類していく問題を中心に構成。
12．日常生活	日常生活における様々な問題を６つのテーマに分類し、各テーマごとに一つの問題形式で複数の問題を練習できるように構成。
13．時間の流れ	『時間』に着目し、様々なものごとは、時間が経過するとどのように変化するのかということを学習し、理解できるように構成。
14．数える	様々なものを『数える』ことから、数の多少の判定やかけ算、わり算の基礎までを練習できるように構成。
15．比較	比較に関する問題を５つのテーマ（数、高さ、長さ、量、重さ）に分類し、各テーマごとに問題を段階別に練習できるように構成。
16．積み木	数える対象を積み木に限定した問題集。
17．言葉の音遊び	言葉の音に関する問題を５つのテーマに分類し、各テーマごとに問題を段階別に練習できるように構成。
18．いろいろな言葉	表現力をより豊かにするいろいろな言葉として、擬態語や擬声語、同音異義語、反意語、数詞を取り上げた問題集。
19．お話の記憶	お話を聴いてその内容を記憶、理解し、設問に答える形式の問題集。
20．見る記憶・聴く記憶	「見て憶える」「聴いて憶える」という『記憶』分野に特化した問題集。
21．お話作り	いくつかの絵を元にしてお話を作る練習をして、想像力を養うことができるように構成。
22．想像画	描かれてある形や景色に好きな絵を描くことにより、想像力を養うことができるように構成。
23．切る・貼る・塗る	小学校入試で出題頻度の高い、はさみやのりなどを用いた巧緻性の問題を繰り返し練習できるように構成。
24・絵画	小学校入試で出題頻度の高い、お絵かきやぬり絵などクレヨンやクーピーペンを用いた巧緻性の問題を繰り返し練習できるように構成。
25．生活巧緻性	小学校入試で出題頻度の高い日常生活の様々な場面における巧緻性の問題集。
26．文字・数字	ひらがなの清音、濁音、拗音、拗長音、促音と１～20までの数字に焦点を絞り、練習できるように構成。
27．理科	小学校入試で出題頻度が高くなりつつある理科の問題を集めた問題集。
28．運動	出題頻度の高い運動問題を種目別に分けて構成。
29．行動観察	項目ごとに問題提起をし、「このような時はどうか、あるいはどう対処するのか」の観点から問いかける形式の問題集。
30．生活習慣	学校から家庭に提起された問題と思って、一問一問絵を見ながら話し合い、考える形式の問題集。

31．推理思考	数、量、言語、常識（含理科、一般）など、諸々のジャンルから問題を構成し、近年の小学校入試問題傾向に沿って構成。
32．ブラックボックス	箱や筒の中を通ると、どのようなお約束でどのように変化するかを推理・思考する問題集。
33．シーソー	重さの違うものをシーソーに乗せた時どちらに傾くのか、またどうすればシーソーは釣り合うのかを思考する基礎的な問題集。
34．季節	様々な行事や植物などを季節別に分類できるように知識をつける問題集。
35．重ね図形	小学校入試で頻繁に出題されている「図形を重ね合わせてできる形」についての問題を集めました。
36．同数発見	様々な物を数え「同じ数」を発見し、数の多少の判断や数の認識の基礎を学べるように構成した問題集。
37．選んで数える	数の学習の基本となる、いろいろなものの数を正しく数える学習を行う問題集。
38．たし算・ひき算１	数字を使わず、たし算とひき算の基礎を身につけるための問題集。
39．たし算・ひき算２	数字を使わず、たし算とひき算の基礎を身につけるための問題集。
40．数を分ける	数を等しく分ける問題です。等しく分けたときに余りが出るものもあります。
41．数の構成	ある数がどのような数で構成されているか学んでいきます。
42．一対多の対応	一対一の対応から、一対多の対応まで、かけ算の考え方の基礎学習を行います。
43．数のやりとり	あげたり、もらったり、数の変化をしっかりと学びます。
44．見えない数	指定された条件から数を導き出します。
45．図形分割	図形の分割に関する問題集。パズルや合成の分野にも通じる様々な問題を集めました。
46．回転図形	「回転図形」に関する問題集。やさしい問題から始め、いくつかの代表的なパターンから、段階を踏んで学習できるよう編集されています。
47．座標の移動	「マス目の指示通りに移動する問題」と「指示された数だけ移動する問題」を収録。
48．鏡図形	鏡で左右反転させた時の見え方を考えます。平面図形から立体図形、文字、絵まで。
49．しりとり	すべての学習の基礎となる「言葉」を学ぶこと、特に「語彙」を増やすことに重点をおき、さまざまなタイプの「しりとり」問題を集めました。
50．観覧車	観覧車やメリーゴーラウンドなどを舞台にした「回転系列」の問題集。「推理思考」分野の問題ですが、要素として「図形」や「数量」も含みます。
51．運筆①	鉛筆の持ち方を学び、点線なぞり、お手本を見ながらの模写で、線を引く練習をします。
52．運筆②	運筆①からさらに発展し、「欠所補完」や「迷路」などを楽しみながら、より複雑な鉛筆運びを習得することを目指します。
53．四方からの観察 積み木編	積み木を使用した「四方からの観察」に関する問題を練習できるように構成。
54．図形の構成	見本の図形がどのような部分によって形づくられているかを考えます。
55．理科②	理科的知識に関する問題を集中して練習する「常識」分野の問題集。
56．マナーとルール	道路や駅、公共の場でのマナー、安全や衛生に関する常識を学べるように構成。
57．置き換え	さまざまな具体的・抽象的事象を記号で表す「置き換え」の問題を扱います。
58．比較②	長さ・高さ・体積・数などを数学的な知識を使わず、論理的に推測する「比較」の問題を練習できるように構成。
59．欠所補完	線と線のつながり、欠けた絵に当てはまるものなどを求める「欠所補完」に取り組める問題集です。
60．言葉の音（おん）	しりとり、決まった順番の音をつなげるなど、「言葉の音」に関する問題に取り組める練習問題集です。

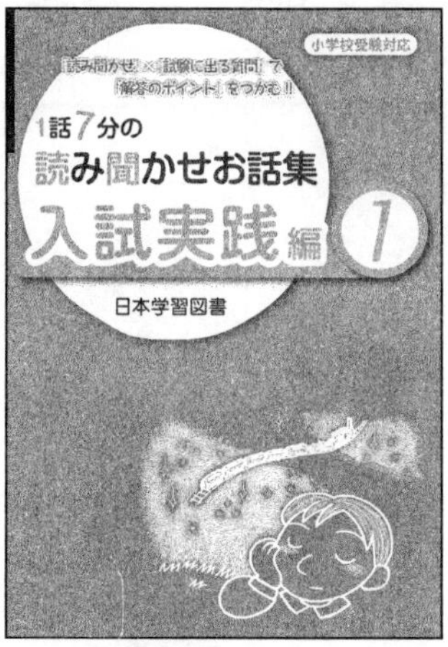

『読み聞かせ』×『質問』＝『聞く力』

お話の記憶の練習に最適

1話5分の 読み聞かせお話集①②

「アラビアン・ナイト」「アンデルセン童話」「イソップ寓話」「グリム童話」、日本や各国の民話、昔話、偉人伝の中から、教育的な物語や、過去に小学校入試でも出題された有名なお話を中心に掲載。お話ごとに、内容に関連したお子さまへの質問も掲載しています。「読み聞かせ」を通して、お子さまの『聞く力』を伸ばすことを目指します。

①巻・②巻　各48話

1話7分の読み聞かせお話集 入試実践編①

国立·私立小学校受験対応

最長1,700文字の長文のお話を掲載。有名でない＝「聞いたことのない」お話を聞くことで、『集中力』のアップを目指します。設問も、実際の試験を意識した設問としています。ペーパーテスト実施校の多くが「お話の記憶」の問題を出題します。毎日の「読み聞かせ」と「試験に出る質問」で、「解答のポイント」をつかんで臨みましょう！

50話収録

ニチガクの　この5冊で受験準備も万全！

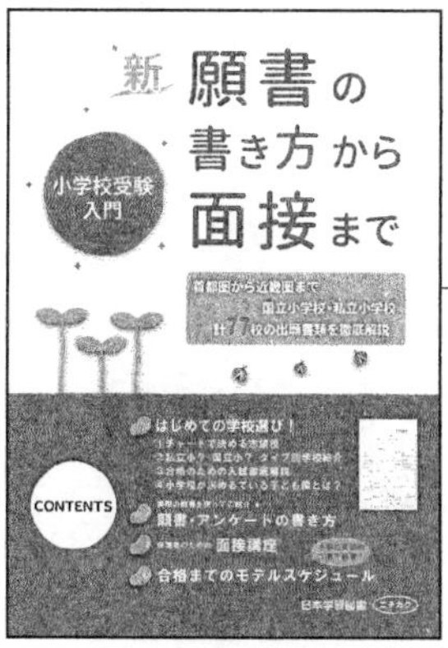

小学校受験入門 願書の書き方から面接まで　リニューアル版

主要私立・国立小学校の願書・面接内容を中心に、学校選びや入試の分野傾向、服装コーディネート、持ち物リストなども網羅し、受験準備全体をサポートします。

小学校受験で 知っておくべき 125のこと

小学校受験の基本から怪しい「ウワサ」まで、保護者の方々からの 125 の質問にていねいに解答。目からウロコのお受験本。

新　小学校受験の 入試面接Q＆A　リニューアル版

過去十数年に遡り、面接での質問内容を網羅。小学校別、父親・母親・志願者別、さらに学校のこと・志望動機・お子さまについてなど分野ごとに模範解答例やアドバイスを掲載。

新　願書・アンケート 文例集 500　リニューアル版

有名私立小、難関国立小の願書やアンケートに記入するための適切な文例を、質問の項目別に収録。合格を掴むためのヒントが満載！願書を書く前に、ぜひ一度お読みください。

小学校受験に関する 保護者の悩みQ＆A

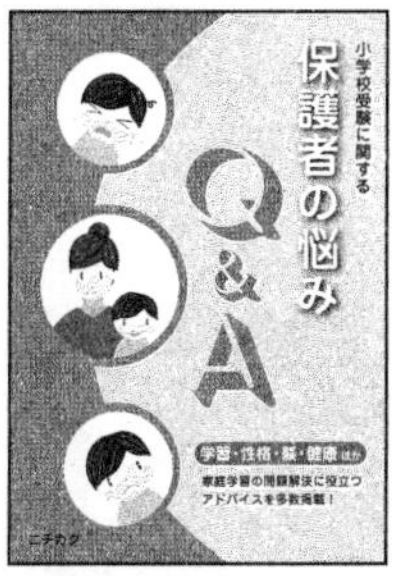

保護者の方約 1,000 人に、学習・生活・躾に関する悩みや問題を取材。その中から厳選した 200 例以上の悩みに、「ふだんの生活」と「入試直前」のアドバイス２本立てで悩みを解決。

日本学習図書株式会社

家庭学習をトータルサポート！ ニチガクのオリジナル 効果的 学習法

1 まずは アドバイスページを読む！

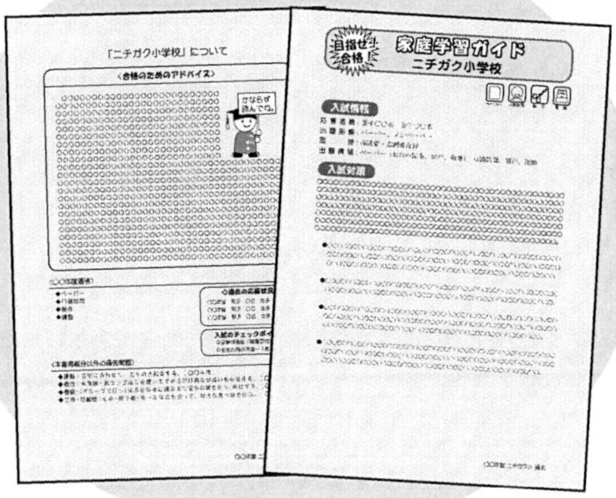

ピンク色です

対策や試験ポイントがぎっしりつまった「家庭学習ガイド」。しっかり読んで、試験の傾向をおさえよう！

2 問題をすべて読み、出題傾向を把握する

3 「学習のポイント」で学校側の観点や問題の解説を熟読

4 はじめて過去問題にチャレンジ！

5 プラスα 対策問題集や類題で力を付ける

過去問のこだわり

最新問題は問題ページ、イラストページ、解答・解説ページが独立しており、お子さまにすぐに取り掛かっていただける作りになっています。
ニチガクの学校別問題集ならではの、学習法を含めたアドバイスを利用して効率のよい家庭学習を進めてください。

各問題のジャンル

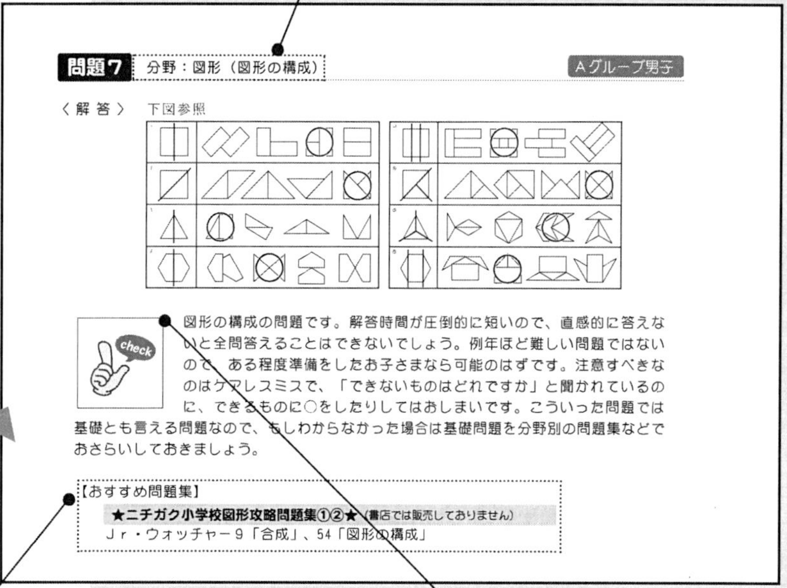
問題7　分野：図形（図形の構成）　Aグループ男子

〈解 答〉　下図参照

図形の構成の問題です。解答時間が圧倒的に短いので、直感的に答えないと全問答えることはできないでしょう。例年ほど難しい問題ではないので、ある程度準備をしたお子さまなら可能のはずです。注意すべきなのはケアレスミスで、「できないものはどれですか」と聞かれているのに、できるものに○をしたりしてはおしまいです。こういった問題では基礎とも言える問題なので、もしわからなかった場合は基礎問題を分野別の問題集などでおさらいしておきましょう。

【おすすめ問題集】
★ニチガク小学校図形攻略問題集①②★（書店では販売しておりません）
Ｊｒ・ウォッチャー９「合成」、54「図形の構成」

学習のポイント

各問題の解説や学校の観点、指導のポイントなどを教えます。
今日から保護者の方が家庭学習の先生に！

おすすめ対策問題集

分野ごとに対策問題集をご紹介。苦手分野の克服に最適です！
＊専用注文書付き。

2022年度版
大阪教育大学附属池田小学校　過去問題集

発行日　2021年8月23日
発行所　〒162-0821 東京都新宿区津久戸町 3-11-9F
日本学習図書株式会社
電　話　03-5261-8951 ㈹

ISBN978-4-7761-5388-7

C6037 ¥2000E

定価 2,200 円
（本体 2,000 円 + 税 10%）

9784776153887
1926037020004

合格実績

ヘッズの合格者数は正会員だけの数字です。
(附属池田のみ令和5年度実績)

2023.10.17現在　**塾歴33年の実績**

	学校名	ヘッズ合格者(募集人数)	学校名	ヘッズ合格者(募集人数)	学校名	ヘッズ合格者(募集人数)
令和6年度	大阪教育大学附属池田(小)	募集人数 62(100)	関西学院初等部	56(90)	雲雀丘学園(小)	50(135)
	関西大学初等部	4(60)	仁川学院(小)	8(60)	小林聖心女子学院(小)	20(60)
	アサンプション国際(小)	5(80)	箕面自由学園(小)	2(50)	同志社・追手門・神戸海星	各1名

クラス案内

ヘッズアップセミナー　検索

https://www.heads-up.co.jp
※時間割は、ホームページをご覧下さい。

池田校　新年度 2月から開室します。　税込価格

年長受験クラス　(週1回 120分授業)
面接・ペーパー・音楽・絵制作・運動・行動観察など入試に必要な全ての分野を徹底的に指導し、確実に志望校へ導きます。附属池田(小)入試傾向を中心としますが、私学にも対応するクラスです。(10・11・12・1月の間は附属池田特訓クラス)
曜日/水・金・土　**授業料**:24,200円

年中受験クラス　(週1回 90分授業)
受験の基礎から指導します。面接・ペーパー・音楽・絵制作・社会性・運動など総合的に実力を向上させていきます。
曜日/水(4月から)・金・土　**授業料**:18,700円

年少受験クラス　(週1回 60分授業)　**最年少受験クラス**　(週1回 50分授業)
4月から翌年1月まで。面接・ペーパー・音楽・絵制作・運動などの受験の基礎から総合的に指導します。
年少:曜日/金・土　**最年少:曜日**/金・土　**授業料**:15,400円

雲雀丘強化専願クラス　(週1回 90分授業)　**雲雀丘個別試問クラス**
雲雀丘学園を専願する方や併願でも強化したい方のためのクラス。
曜日/月・木　**授業料**:16,000円　**曜日**/土　**授業料**:12,000円

関学・関大・池附強化クラス　(週1回 90分授業)
関学・関大・池附を目指す方に、3校の入試問題を徹底分析したクラス。
曜日/木・土　**授業料**:39,600円(受験クラスと合わせ)

パズル道場 算数数学　そろばん速算教室

Speed Reading 速読

★英語で知育・体操　★小学生英語塾
Koala Gym
電話:070-4335-6636

※授業料に教材費、消費税など、すべてを含みます。入会金:20,000円
(他)小学生1～3年・特進、ベーシッククラス、個別指導クラス(年少～小6)、内部進学クラス (小4～6年)

宝塚校　新年度 9月から開室します。　税込価格

関学クラス　(週1回 100分授業)
関西学院初等部への専願を希望される方のクラスです。面接・ペーパー・運動・社会性など入試に必要な全ての分野を徹底的に指導します。
曜日/木・金・土　**授業料**:27,500円

年長受験クラス　(週1回 100分授業)
面接・ペーパー・音楽・運動・社会性など入試に必要なすべての分野を徹底的に指導し、確実に志望校へ導きます。附属池田(小)・小林聖心・仁川学院・雲雀丘に対応するクラスです。(10・11・12・1月の間は附属池田特訓クラス)
曜日/火・土　**授業料**:24,200円

年中受験クラス　(週1回 80分授業)
受験の基礎から指導します。面接・ペーパー・音楽・絵制作・社会性・運動など総合的に実力を向上させていきます。
曜日/水・土　**授業料**:18,700円

年少受験クラス　(週1回 60分授業)
4月から8月まで。面接・ペーパー・音楽・絵制作・運動などの受験の基礎を総合的に指導します。
曜日/水　**授業料**:15,400円

関学ペーパー強化クラス　(週1回 60分授業)
関学クラスを受講している方のペーパー強化クラスです。関学クラスのペーパー問題以外の基礎、基本問題を徹底的に指導し補います。
曜日/火　**授業料**:14,300円

※授業料に教材費、消費税など、すべてを含みます。入会金:20,000円
(小学生クラス)
小学生1～6年ベーシッククラス(関学クラス)

短期講習

春期講習:3月末。夏期講習:7月末、8月末。雲雀丘・小林聖心・関学・関大直前講習:8月末。
附属池田特訓クラス:9月～1月。附属池田直前講習:12月末～1月初旬。

公開模試

実施日はホームページをご覧下さい。(3、4、6、7、10、11月実施)

ヘッズ主催の学校説明会・保護者会・特訓行事

無料

学校説明会
関学、関大、雲雀丘、小林聖心、洛南、アサンプション国際などの小学校の先生をお招きして学校説明会を開催します。

保護者会
小学校受験に向けての準備、傾向対策会などを開催します。

面接特訓
各学校の傾向に合わせた面接練習。無料の親子面接練習を行います。

行動観察特訓
小学校入試では、個々の行動観察を観察されます。無料の行動観察特訓を行います。

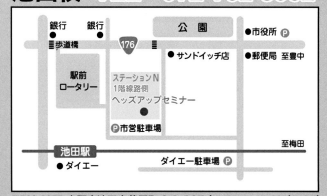

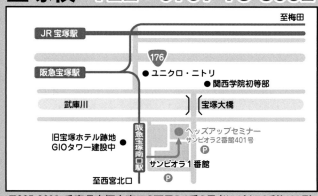

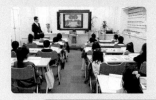

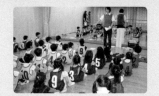

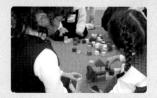

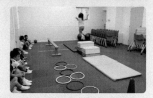